Ute Tietje

TEXAS-BBQ

GRILLEN WIE DIE RANCHER UND COWBOYS

BUFFALO VERLAG

Ute Tietje

Texas-BBQ
– Grillen wie die Rancher und Cowboys

ISBN 978-3-98091418-5

1. Auflage 2009

Lektorat: Prof. Dr. Günter Lehman
Titelfoto: Ute Tietje
Cover Layout: Nils Heise
Fotos: Ute Tietje
Gemälde S. 11: Jack Sorenson

Druck und Bindung: Advantage Printpool, Gilching

INHALTSVERZEICHNIS

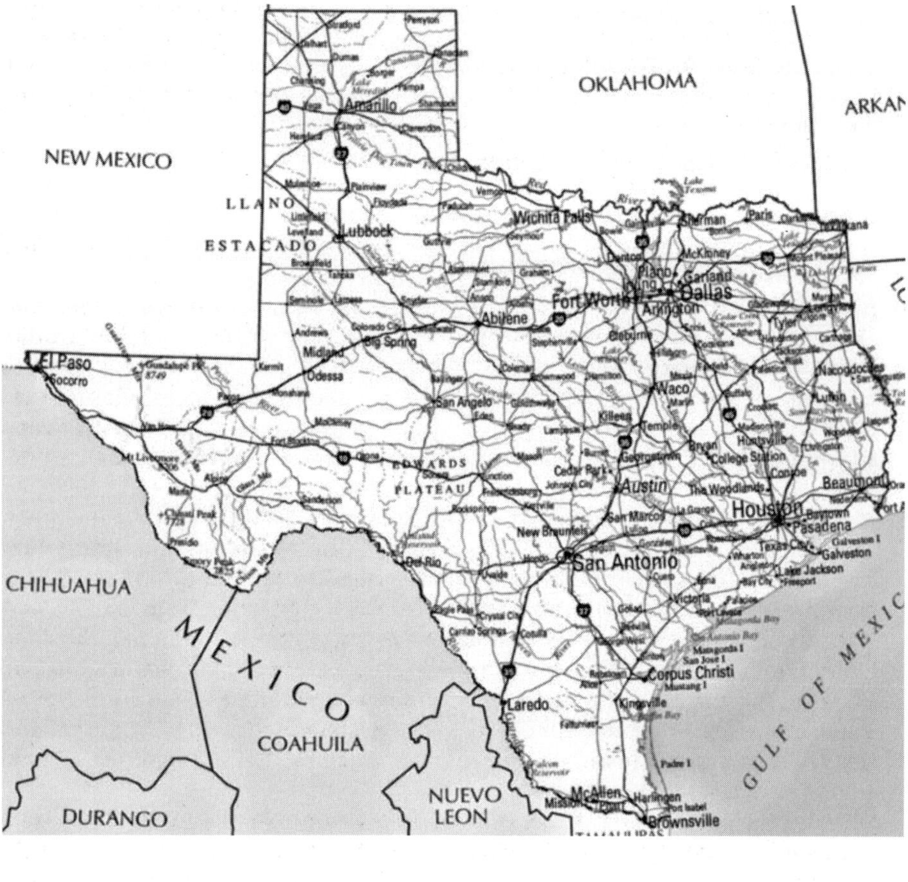

NEW MEXICO
OKLAHOMA
LLANO
ESTACADO
Amarillo
Lubbock
Wichita Falls
Sherman
Paris
McKinney
Plano
Garland
Fort Worth
Dallas
Arlington
Abilene
Big Spring
Midland
Odessa
El Paso
Socorro
San Angelo
Waco
Killeen
Temple
Tyler
Nacogdoches
Lufkin
Bryan
Huntsville
College Station
Conroe
The Woodlands
Cedar Park
Georgetown
Austin
Beaumont
Houston
Baytown
Pasadena
Texas City
Galveston
Lake Jackson
San Marcos
New Braunfels
San Antonio
EDWARDS
PLATEAU
Del Rio
Victoria
Corpus Christi
Kingsville
Laredo
McAllen
Mission
Harlingen
Brownsville
CHIHUAHUA
MEXICO
COAHUILA
DURANGO
NUEVO
LEON
GULF OF MEXIC

VORWORT

Wer an Texas oder Tejas (indianisch: Teyas, Teysha oder Tayshas. d.h. Freunde, Freundschaft) denkt, sieht vor seinem geistigen Auge Cowboys, Rinderherden und Ölpumpen. Es ist ein Land mit einer jungen, abenteuerlichen Geschichte und Ranches mit Ausmaßen größer als einige Bundesländer Deutschlands.

BBQ und Steak - nirgendwo sind sie typischer als in Texas. Fast 90% aller Texaner besitzen einen oder mehrere Grills verschiedener Art, denn BBQ ist urtexanisches Gesellschaftszeremoniell. Die Tradition stammt aus den Zeiten, als auf den Ranches bei nachbarlichen Besuchen oder Familientreffen halbe Rinder über Mesquiteholz geröstet wurden. Die heutige Verwendung des Begriffs BBQ drückt jedoch im Allgemeinen aus, dass im Freien gekocht wird, aber nicht explizit, welche Methode der Nahrungszubereitung angewendet wird.

Texas ist zwar der führende Staat in der Rinderzucht, was aber deshalb nicht heißen soll, dass man sich beim BBQ ausschließlich auf Rindfleisch beschränkt. Jagen, Fischen und Outdoorküche sind traditionell seit vielen Generationen in Texas fest verankert und haben das Überleben der Pioniere in den Grenzgebieten überhaupt erst möglich gemacht.

Beim BBQ ist rustikale Schlichtheit angesagt und es kommt neben der Fleischqualität besonders auf Aroma und Würze an. In Texas und im mittleren Westen werden Grills mit Hauben bevorzugt, da sie das dort beliebte indirekte Grillen ermöglichen. Die auf mündlichen Überlieferungen beruhenden Familienrezepte werden nicht nur bei privaten und kommerziellen BBQ-Ereignissen, sondern auch mit Vorliebe bei BBQ-Wettbewerben eingesetzt.

Man frönt der BBQ-Tradition zu allen Gelegenheiten, ob beim Ranchfest, einer Country-Party, Jubiläen, Rodeos, Sportfesten, einem Jagdausflug oder nur einfach bei familiären oder nachbarlichen Treffen. Väter und Großväter gehen mit ihren Kindern und Enkeln am Fluss, See oder Meer angeln, um dann den Fang direkt an Ort und Stelle zuzubreiten. Oder die Familien ziehen mit Kind und Kegel und großen Picknickkörben in die Naturparks, wo bereits Tische und Stühle neben einem fest eingebauten Grill warten. Selbst auf Highwayparkplätzen fehlt der feste Holzkohlegrill nicht. Dadurch wird das Grillvergnügen einfacher, dämmt aber auch die Feuergefahr ein, die bei wilden Grillfeuern entstehen kann.

Wer nach Texas kommt, sollte in kleineren Orten nach unscheinbaren Häusern suchen, auf die ein BBQ-Schild hinweist. Sie haben innen meist rauchgeschwärzte Wände und eine sehr rustikale Einrichtung, aber hier bekommt man in der Regel die köstlichsten Briskets und Ribs.

Die meisten Gerichte dieses Buches wurden je nach Herkunft nach der Person, der Ranch, dem Ort oder der Region benannt.

HISTORISCHER HINTERGRUND

Bereits vor 12.000 Jahren erreichten die ersten Indianer das Gebiet am Golf von Mexiko. 1519 fertigte der Spanier Pineda die erste Karte der texanischen Küste an, der die spanische Besetzung des Territoriums folgte. 1528 erlitt der Spanier Cabeza de Vaca vor dem heutigen Galveston Schiffbruch. Eine kleine Gruppe Überlebender schlug sich unter vielen Entbehrungen quer durch die Indianergebiete bis nach Mexiko Stadt durch und sorgte später für die Verbreitung der Legende von den „Sieben Städten aus Gold“. Obwohl spanische Abenteurer wie Francisco Vasques de Coronado und Hernando de Soto sie unter großem Aufwand vergeblich suchten, hielt sich die Legende über die Jahrhunderte.

In der Folgezeit entstanden viele Ortschaften und vor allem Missionen im heutigen Staatsgebiet von Texas. 1621 gründeten spanische Einwanderer, beziehungsweise spanische Mexikaner, die Stadt Corpus Christi de la Isleta und 1681 eine Missionsstation bei El Paso.

1685 gab es einen französischen Kolonisierungsversuch auf texanischem Territorium. Der Abenteurer René-Robert Cavelier Sieur de La Salle erreichte per Schiff die in der Mitte des texanischen Küstenstreifens gelegene Matagorda Bay. Dort gründete er das Fort St. Louis am Garcitas Creek und beanspruchte Texas für Frankreich. Indianerangriffe, Krankheiten, der Verlust wichtigen Materials durch Schiffbrüche und zuletzt seine Ermordung durch die eigenen Leute führten zu Aufgabe der Ansiedlung und Texas wurde wieder spanisch.

1718 wird die Mission San Antonio de Valero gegründet die später als „The Alamo“ in die Geschichte eingeht. 1821 wird Texas ein Teil des von Spanien unabhängig gewordenen Mexikos. Bereits während des mexikanischen Unabhängigkeitskampfes zog Texas viele Abenteurer aus den Vereinigten Staaten an. Um das riesige Land urbar zu machen, vergibt Mexiko großzügig Land an jeden, der es bebauen will. 1823 erhält Stephen F. Austin die Genehmigung der Zentralregierung Mexikos, mit 300 Familien im Staatsgebiet von Texas am Brazos River zu siedeln und gründet die Stadt San Felipe de Austín

Immer mehr Siedler aus dem Norden, die hauptsächlich Baumwolle mit Hilfe ihrer Sklaven aus dem alten Süden anbauten, aber auch kriminelle Elemente erreichen das Land am Golf von Mexiko. Die unterschiedlichen Mentalitäten prallen aufeinander. Die beharrlichen, unabhängigen, traditionsverhafteten Individualisten aus dem Norden und römisch-katholische, im Grunde gesellige, lebensfreudige Latein-Amerikaner stehen sich fast verständnislos gegenüber. Die religiösen, kulturellen und politischen Probleme werden immer unüberbrückbarer.

Ein Versuch der USA, 1825 das Land östlich des Rio Grande für 1 Million Dollar zu kaufen, schlägt fehl. 1832 übernimmt der General Antonio López de Santa Anna (1794 - 1876) als Diktator von Mexiko die Regierung. Unter ständiger Missachtung der mexikanischen Verfassung von 1824 setzt er seine Ziele durch und sieht sein Land durch den US-Nachbarn und die immer weiter wachsenden Siedlerströme bedroht. Santa Anna erlässt eine neue Verfassung, die die den Einwanderern eingeräumten Rechte aufhebt und Texas im Wesentlichen nur noch für die Besiedlung durch Mexikaner vorsieht. Es kommt zur offenen Rebellion der Kolonisten gegen Mexiko.
1833 reist Stephen F. Austin mit einer Bittschrift nach Mexiko, um für seine Siedler die amerikanischen Bürgerrechte zu fordern. Er wird in Mexiko ins Gefängnis geworfen, das er zwei Jahre später als kranker Mann verlässt. Der Aufruhr breitet sich daraufhin aus. Santa Anna entsendet Truppen in den mexikanischen Bundesstaat und es kommt am 2. Oktober 1835 in der Schlacht von Gonzales zum ersten Kampf um die Unabhängigkeit von Texas.
Am 2. März 1836 sagt sich die texanische Bevölkerung im Vertrauen auf den Beistand der Vereinigten Staaten von Mexiko los und erklärt Texas zur Republik. General Sam Houston wird zum militärischen Oberbefehlshaber ernannt. Santa Anna setzt daraufhin eine Armee von 7.000 Mann in Bewegung und besetzt die Hauptstadt San Felipe de Austín. Eine Gruppe von rund 180 Freiwilligen verschanzt sich in der von Franziskanern angelegten Missionsstation Alamo, um den übermächtigen Gegner so lange aufzuhalten, bis ein eigenes Heer aufgestellt ist. Am 6. März 1836 wird der Alamo nach 13-tägiger Belagerung von den Mexikanern eingenommen. Dabei kommen alle Verteidiger ums Leben, darunter David Crockett, Jim Bowie (der Erfinder des Bowie Messers) und William B. Travis. Die Schlacht um den Alamo ist wohl eine der bekanntesten in der Geschichte Amerikas und wurde allgemein ein Symbol für den Freiheitskampf.

Unter dem Schlachtruf "Remember the Alamo!" gewinnen die Texaner drei Wochen später die kriegsentscheidende Schlacht am San Jacinto River, wobei der mexikanische Präsident General Santa Anna in Gefangenschaft gerät. Texas wird unabhängige Republik mit Sam Houston als erstem Präsidenten. Doch der vergangene Krieg, mexikanische Übergriffe sowie Indianerüberfälle schwächen die junge Republik, so dass Texas 1845 als der 28. Staat den USA beitritt. Das führt 1846 zu einem Krieg zwischen den USA und Mexiko, der 1848 damit endet, dass Mexiko auf seine Ansprüche auf Texas und das Gebiet zwischen Rio Grande und Nueces River verzichtet.
1850 leben 200.000 Siedler - davon 20% Deutsche - in Texas, die durch 20 Forts vor den Angriffen der Indianer geschützt wurden.

Im Sezessionskrieg 1861 bis 1865 gehört Texas zur Südstaaten-Konföderation und versorgt sich und die Konföderation mit Rindfleisch von seinen Ranches und Waren, die aus oder über Mexiko eingeführt wurden.
Die Anfänge der Viehzucht in Texas werden auf ca. 1830 datiert. Die Rancher übernahmen die Methoden der Vaqueros in Nord-Mexiko, d.h. die Rinder konnten auf jedem öffentlichen Land grasen. Jetzt beginnt die Zeit der „Open Range". Doch erst nach dem Bürgerkrieg entwickelt sich die Viehzucht zu einem wichtigen Wirtschaftszweig. Nach Auflösung der texanischen Regimenter kehren die Soldaten auf ihre Ranches zurück und stellen fest, dass sich ihre Viehherden während ihrer Abwesenheit, frei über die „Graslands" wandernd, vielfach vermehrt hatten. Ungefähr 5 Millionen Rinder, die niemanden gehörten und kein Brandzeichen trugen, zogen durch das Land.

Was sollte man mit diesen Tieren anfangen? Der Nachkriegsmarkt in Louisiana konnte nur einen geringen Teil dieser Mengen vertragen, da der Süden ausgeblutet war und die Hauptschlachthäuser in St. Louis und Chicago unerreichbar weit entfernt lagen.
1868 baute die Kansas Pacific Company eine Eisenbahnlinie zu einer kleinen Stadt namens Abilene in Kansas. Der Bau der Eisenbahn war für die Rancher die Lösung ihres Problems, denn die bis dahin wertlosen Longhorns, sie kosteten nur 2 $ das Stück, erzielten auf den Märkten des Nordens und Ostens 20 bis 40 $. Das veranlasste die Rancher, auf Rinderjagd zu gehen, die Herden zusammen zu treiben und sie mit ihren eigenen Brandzeichen zu versehen.
Um die Cowtowns mit Eisenbahnanschluss zu erreichen, mussten tausende von Rindern über Strecken von vielen hundert Meilen bewegt werden. Ein solches Unternehmen, das in der Regel im Frühjahr begann, konnte drei bis vier Monate und wenn die Bedingungen sehr widrig waren, sogar noch länger dauern und erforderte viele Cowboys.

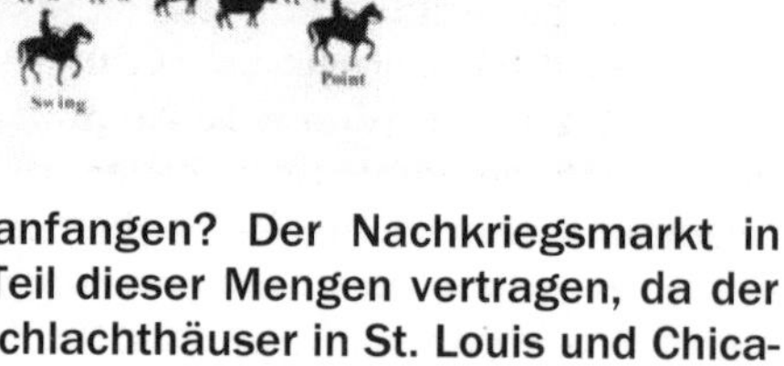

Der „Chisholm Trail" (1867 - 1880),

eine der bekanntesten Trailrouten, zog sich fast von der mexikanischen Grenze durch St. Antonio, Austin, Fort Worth bis nach Abilene oder Ellsworth in Kansas und wurde nach dem Mann benannt, dem man zuschrieb, die Route gefunden zu haben. Der „Goodnight Loving Trail“, benannt nach Charles Goodnight (1866 bis in die 80er), begann am Brazos River, begleitete teilweise in Texas und New Mexiko den Rio Pecos, führte durch die berüchtigten Staked Plains, um dann in Denver/Colorado zu enden. Der „Western Trail“ (1874 bis in die 90er) erstreckte sich von San Antonio bis nach Dodge City. In dieser Zeit hatten die Texas Rangers, die 1835 von Austin gegründet wurden, Hochkonjunktur, denn Banditen, Viehdiebe und Pistoleros machen das Land unsicher.

Die Indianer in Texas werden derweil immer weiter nach Westen gedrängt, vernichtet oder in Reservate im Indian Territory (Oklahoma) zwangsumgesiedelt bzw. eingesperrt. Die unhaltbaren Zustände in den Reservaten, vor allem fehlende Lebensmittel und Decken, veranlassen die Mitglieder einiger Stämme wie Kiowa, Comanche und Cheyenne im Frühjahr 1874 zu einem Ausbruch. Die Indianer ziehen sich in den Palo Duro Canyon in Texas zurück, errichten dort ihr Lager und leben wie in alter Zeit.
50 Kompanien werden in Bewegung gesetzt, um sie zu besiegen. Die Armee überrascht sie Ende September im Canyon und erbeutet alle Pferde der Kiowa und Comanche. Mehr als 1.000 Beutepferde werden von der Armee erschossen, um die Indianer für die Zukunft bewegungsunfähig zu machen. Viele der Kiowa und Comanche kehren resigniert in die Reservation zurück. Die Cheyenne und einige Kiowa- und Comanche-Gruppen flüchten mit den ihnen verbliebenen Pferden in die Plains, obwohl es problematisch ist, dort mit Frauen und Kindern zu überwintern. Ein neuer Feldzug der Armee zwingt die letzten freien Kiowa und Cheyenne im Frühjahr 1875 zur Kapitulation. Im Juni 1875 ergeben sich auch die Comanche unter Führung des legendären Häuptlings Quanah Parker und kehren ins Reservat nach Oklahoma zurück, wo sie unter menschenunwürdigen Verhältnissen leben mussten. Zu dieser Zeit wurde eine der letzten großen Bisonherden in den südlichen Plains gesehen.

Ab 1901 gab es Ölfunde in Texas. Als 1930 die Depression die Wirtschaft zum Erliegen bringt und Dürreperioden, die das Vieh zu tausenden verdursten lassen, das Problem verschlimmern, retten die Ölfunde auf ihrem Land viele Rancher. Aus den verarmenden Rinderbaronen werden jetzt reiche Ölbarone.

LAND UND LEUTE

Der Golf von Mexiko und drei Flüsse gehören zu den natürlichen Grenzen von Texas. Im Norden bildete der Red River die Grenze zu Oklahoma, im Osten der Sabine River die Grenze zu Louisiana, und im Südwesten trennt der Rio Grande Texas von Mexiko.
Von der Küste aus, der fast auf ihrer ganzen Länge von 750 km Lagunen vorgelagert sind, erstreckt sich ca. 75 km landeinwärts zum Teil fruchtbares Flachland, auf dem Baumwolle, Zuckerrohr und gelegentlich auch Reis angebaut werden. Im Nordosten erhebt sich ein wellenförmiges, hügeliges Land. Der nordwestliche Teil von Texas ist Berg- und Hochland und besteht zum Teil aus einem 1.300 m hohen Sandsteinplateau, den Staked Plains oder spanisch Llano Estacado.
Ein Texasbesucher, der Zeit hat, das Land zu erkunden, wird von der Vielfalt der Vegetationszonen überrascht sein: die tropische Golfküste, wüstenähnliche Regionen, das Rio Grande Tal mit Apfelsinen, Zitronen und Pampelmusen oder beeindruckende Canyons durch die früher Buffalos zogen, aber auch waldreiche, fast Deutschland ähnliche Gebiete.
Die Sommer in Texas sind heiß, die Winter im Süden mild und im Norden kalt. Der Westen wird häufig von Trockenheit geplagt. Im Osten gibt es mehr Regen. Viel Schnee gibt es nur in den High Plains. Temperaturstürze von 10 bis 15 °C innerhalb von zwei bis drei Stunden gehören ebenso zu Texas wie Tornados, Hurricanes und Blizzards.
Texas ist nach Alaska nicht nur der seenreichste Staat der USA, sondern auch der zweitgrößte. Wäre Texas heute noch selbständig, zählte es flächenmäßig zu den 40 größten Staaten der Erde. Der Lone Star State ist der einzige heutige US-Staat, der vor seinem Beitritt eine selbständige, international anerkannte Republik war (1836 - 1845).
Deutsche Einwanderer haben diesen US-Bundesstaat nicht unwesentlich mitgeprägt. 1834 begann die organisierte deutsche Einwanderung mit Hauptsiedlungsgebiet in Zentraltexas im Bereich von Austin und San Antonio. 1846 wurde die deutsche Siedlung New Braunfels gegründet, und noch heute werden an einigen Orten Wurstfeste und Oktoberfeste gefeiert.

Viele Bauten und Überreste zeugen jedoch auch noch von der spanisch-mexikanischen Epoche. In einigen Regionen, wie im Rio Grande Tal, kann man sich auch heute eher in Spanisch als in Englisch verständlich machen. Zwischen Laredo und Brownsville findet man mexikanische Fiestas aller Art wie sie typischer auch in Mexiko nicht sein könnten.
Die Texaner an sich sind sehr traditionell und die Kirche, meist prote-

stantische Glaubensgemeinschaften, spielt eine große Rolle. Die Menschen sind rau, aber sehr gastfreundlich und hilfsbereit. Wer hier auf einer entlegenen Straße anhält und sei es nur zum Fotografieren, wird vom nächsten Vorbeifahrenden gefragt, ob man Hilfe benötige.

In ländlichen Regionen tragen die Männer häufig Jeans, karierte Hemden, Stiefel und breitrandige Hüte, die sie auch beim Essen nicht absetzen, höchstens in der Kirche. Man findet Orte, in denen die Zeit stehen geblieben zu sein scheint, wären nicht die modernen Autos. Viele kleine Orte sind aber auch zu Geisterstädten verkommen, da die jungen Leute mangels Arbeit abgewandert sind.

Einige der großen traditionellen Ranches sind noch erhalten, andere aufgrund der vielen Nachkommen, die Erbansprüche stellten, verkauft. Eine der ältesten und bekanntesten Ranches ist die legendäre King Ranch, die 1853 von Richard King als Santa Gertrudis erworben und später umbenannt wurde. Mit 333.860 ha Land war die Ranch fast ein Drittel größer als das Saarland. Die King Ranch war im Bürgerkrieg der Hauptlieferant für Fleisch für die Konföderierten, züchtete später eine eigene anerkannte Rinderrasse, die Santa Gertrudis Rinder, und war Züchter des ersten eingetragenen American Quarter Horses.

BARBECUE

Der Begriff Barbecue, abgekürzt BBQ, wird häufig von Amerikanern als eigene Erfindung angesehen. Wahrscheinlicher ist, dass der Begriff von französischen Trappern stammt. Sie garten ihre Jagdbeute, vom Hasen bis zum Großwild, über viele Stunden hinweg an oder über einem offenen Holzfeuer, was sie "Barbe-à-queue" (vom Bart bis zum Schwanz“) nannten. Eine Ableitung von dem mexikanisch-spanischen Wort "barbacoa", was soviel wie Feldofen bedeutet, wäre ebenfalls möglich.

BBQ ist in Nordamerika alte Tradition und die beliebteste Art, Zeit miteinander zu verbringen und zu feiern. Oft wird ein Nachmittag, ein langer Abend oder gar ein ganzer Tag gemeinsam mit der Familie, Freunden Geschäftspartnern oder anderen Menschen bei einem BBQ verbracht. Dazu kann man in Texas durch die Temperaturen bedingt in vielen Regionen fast ganzjährig draußen sitzen.

Generell ist in Nordamerika mit Barbecue nicht allein Grillen gemeint, sondern ein soziales Ereignis mit Nahrungszubereitung auf offenem Feuer. Auf vielen Terrassen ist neben dem Holzgrill zusätzlich ein Gasgrill zu finden, beide in der Regel mit Haube. Bei geschlossener Haube verteilt sich der Rauch im gesamten Grill und gibt dem Fleisch einen schönen Bräunungsgrad und ein einzigartiges Grillaroma.

Kommt am Wochenende eher der Holzgrill bzw. Holzkohlengrill zum Einsatz, so wird in der Woche häufig der Gasgrill genutzt. Der Zeitfaktor bestimmt meist die Feuerquelle. Grundlage für ein gelungenes BBQ ist jedoch das Würzen und Marinieren sowie Erzeugung des typischen Raucharomas.

Eingelegte Gurken oder Kürbisse, Kartoffelsalat, Krautsalat, gebackene Kartoffeln, gegrillte Maiskolben, aber auch das typische Maisbrot sowie viele andere Beilagen vervollkommnen ein texanisches BBQ. Beilagen und BBQ-Saucen können variieren. In einigen Regionen sind z. B. gebackene Bohnen oder gegrillte Bohnenfladen unabdingbar.

Würstchen kommen in Texas bei einer BBQ-Einladung allerdings relativ selten auf den Grill. Gelüstet es den Texaner danach, besucht er ein German Wurstfest, ein Oktoberfest in den deutschstämmigen Gemeinden oder ein kommerzielles BBQ-Restaurant.

Zu einem zünftigen BBQ gehören neben alkoholfreien Getränken auch Bier. Das Lone Star Bier aus der 1884 in San Antonio von Adolphus Busch gegründeten Brauerei ist unumstritten das texanische Nationalbier. Das 1940 nach einer Formel des Deutschen Peter Kreil aus München entwickelte Bier wird von Europäern gegenüber anderen Bieren eher als wässrig bezeichnet. Allerdings herrschen in Texas andere Temperaturen, so dass ein leichtes Bier sicherlich besser zu verkraften ist.

Damit Getränke in Flaschen kühl bleiben, werden Gefäße vom Eimer bis zur Badewanne, je nach Größe der Gesellschaft, mit Eiswürfeln gefüllt. Die Flaschen ob Bier, Cola oder anderes werden einfach dazwischen gesteckt. In Texas kein Problem, da in vielen Haushalten eine Eismaschine zu finden ist bzw. Eiswürfel säckeweise im Supermarkt erworben werden können.
Das Problem mit fliegenden Servietten wird auf diesen BBQ-Parties, aber auch in Open-Air-Restaurants, einfach gelöst. Man stellt standfeste, oft mit hübschem Design versehene Küchenrollenhalter auf die Tische, denn in Texas sind Tage ohne Wind selten.

DER RICHTIGE GRILL

Welcher Grill die besten Ergebnisse erzielt, darüber gehen die Meinungen auseinander. Man hat die Wahl zwischen Holzkohlen-, Gas- oder Stromgrill, dabei hat jede Variante ihre eigenen Vor- und Nachteile. Holzkohlegrills entsprechen allerdings am ehesten dem ursprünglichen Grillvergnügen und erzeugen durch den aromatischen Rauchgeruch das Gefühl von Freiheit und Abenteuer. Der Stromgrill ist in Texas allerdings weniger anzutreffen.
Die Auswahl an Modellen für Grills mit den verschiedenen Hitzequellen ist riesig und reicht vom einfachen offenen Grill über den Kugel- oder Säulengrill bis zum Hightech-Grillwagen mit allen möglichen Finessen und großen Ablagen.

Gasgrill

Gasgrills werden mit Butan oder Propangas betrieben. Der Vorteil ist, dass die lange Anheizphase entfällt, so dass der Grill in ca. 10 Minuten einsatzbereit ist. Sollte es mal zu einer Fettverbrennung kommen, kann man den jeweiligen Brenner kurz ausschalten, das Grillgut an eine andere Stelle schieben und den Grill anschließend wieder starten. Nachteilig sind der Preis und die eingeschränkte Transportfähigkeit.

Ideal sind die großen Rechteck-Gasgrills mit Hauben und mehreren Brennern, die separat angezündet werden können, was direktes und indirektes Grillen erlaubt. Die Hitze lässt sich variabel mit Drehreglern einstellen und ist am Außenthermometer abzulesen. Außerdem ermöglichen mehrere Roste das gleichzeitige Garen

verschiedener Gerichte. Wichtig ist es allerdings, immer eine Gasflasche in Reserve zu haben, um gegebenenfalls schnell wechseln zu können.
Der typische Holzrauchgeschmack lässt sich durch Holzspäne bzw. Woodchips erreichen. (S. 19)

Holzkohlegrill
Wer es romantisch mag und Zeit hat, wählt am besten einen Holzkohlegrill. Das Anglühen der Kohlen, das Knistern der Glut und der typische Grillduft trösten darüber hinweg, dass die Holzkohle 30 bis 40 Minuten braucht, um auf die richtige Temperatur zu kommen. Ob einfacher Grill ohne Haube, der Kugelgrill bzw. Rechteckgrill mit Haube hängt davon ab, was auf den Rost kommen soll bzw. welche Möglichkeiten man hat.
Da der Brennstoff hier eine Hauptrolle spielt, sollte man auf entsprechende Qualität achten. Profis verwenden in Deutschland gerne Grillkohle aus Buchenholz, welches bekanntlich auch im heimischen Kamin am besten brennt. In Texas werden in ländlichen Regionen allerdings häufig anstatt Holzkohle aus den heimischen Hölzern, Mesquite- oder Hickoryholzscheite (S. 22) verwendet. Hierzulande kann dieses Aroma durch entsprechende Holzchips erreicht werden.

DIE VERSCHIEDENEN ARTEN DES GRILLENS

Direktes Grillen (190 bis 340° C)
Beim direkten Grillen wird das Grillgut auf einen Rost direkt über die Hitzequelle gelegt und muss gewendet werden. Diese Methode ist gut geeignet für Kurzgegrilltes wie Steaks, Koteletts, Würstchen, Hamburger, Hühnerbrust, kleine Fische oder Fischfilet. Man kann dabei mit und ohne Grillhaube arbeiten. In Texas wird meistens auch beim direkten Grillen der Deckel geschlossen, damit der Holzrauch ins Fleisch zieht.
Liegt der Rost sehr hoch über der Hitzequelle, können auch größere Fleischstücke wie z.B. Schweineschulter gegrillt werden, ohne dass sie verbrennen.

Indirektes Grillen (160 bis 170° C)
Beim indirekten Grillen liegt das Grillgut über einer Tropfschale, die evtl. mit Flüssigkeit gefüllt ist, über dem nicht beheizten Teil des Grills und erfordert einen Grill mit Haube. Die indirekte Grillmethode ist ähnlich dem Garen, aber das Grillgut wird gegrillt und hat so ein besseres Aroma und Aussehen, als man es im Backofen erzielen kann. Das Grillgut wird butterweich und zart, es trocknet weder aus, noch brennt es an und ist sehr aromatisch.
Diese Methode empfiehlt sich für alles, was länger als 25 Minuten gegrillt werden muss oder für Grillgut, das zu empfindlich ist, um direkt gegrillt zu werden. Dies ist gut geeignet für Braten, Rippchen, ganze Hähnchen, Truthähne oder andere große Stücke Fleisch oder Fisch und Gemüse.

Garen im Grill/Barbecuing (105 bis 150 °C)
Beim Garen im Grill befindet sich die Hitzequelle ebenfalls nicht direkt unter dem Grillgut, die Temperatur ist relativ niedrig und die Garzeit entsprechend länger. So zubereitete Gerichte haben viel Geschmack, sind sehr saftig und müssen nicht gewendet werden. Diese Zubereitungsmethode ist sehr gut für Braten geeignet. Durch die längere Garzeit verbringt das Grillgut mehr Zeit im Rauch, weshalb es etwas rauchiger schmeckt als Gegrilltes.

Räuchern/Smoken (105 bis 120 °C)
Zum Smoken braucht man vor allem Geduld, denn die Garzeit kann bis zu 24 Stunden dauern. Rezepte für den Smoker kommen jedoch in diesem Buch nicht vor. Der Smoker wird hier nur der Vollständigkeit halber vorgestellt. Die Vorbereitung ist ähnlich dem Garen im Grill, allerdings werden alle Lüftungsklappen geschlossen, so dass eine starke Rauchentwicklung entsteht. Die Auswahl der Holzsorte bestimmt die Rauchintensität und die Geschmacksrichtung. Smoker sind sehr teuer, so dass man selbst in Texas für eine größere Veranstaltung eher einen mietet als kauft.

Sonstige Grillmethoden
Neben den vorgenannten Grillmethoden kann man auch Fleisch oder Hähnchen auf einem sich drehenden Spieß grillen oder das Grillgut in Blätter gehüllt grillen. Kartoffeln oder Süßkartoffeln schmecken hervorragend, wenn man sie auf direkt in die Glut der Kohlen legt.

GRILLTIPPS

Grillgut
Fleisch, das noch am selben Tag oder am folgenden zubereitet bzw. verzehrt wird, sollte auf einem zugedeckten Teller in den Kühlschrank gestellt werden. Das Fleisch sollte immer, je nach Gewicht, ein bis zwei Stunden vor der Zubereitung aus dem Kühlschrank genommen werden, damit es Raumtemperatur annehmen kann. Nur dann wird es wirklich zart.

Vor dem Grillen
Den Grill vorheizen und mit einer Grillbürste (harte Drahtbüste mit langem Stiel) säubern. Anschließend den Grillrost oder verwendete Grillkörbe einölen. Dadurch wird bewirkt, dass das Grillgut nicht festklebt. Dies lässt auch ein schönes Grillmuster zu.
Je mehr Grillgut auf dem Rost liegt, umso langsamer wird der Grillvorgang. Der Grillrost sollte nicht überladen werden, damit die Hitze zirkulieren und möglichst überall gleichmäßig hingelangen kann. Liegt das Gargut zu eng aneinander, besteht die Gefahr, dass es nicht gegrillt, sondern teilweise gedünstet wird.

Vor dem Umdrehen
Wichtig ist es, dem Grillgut Zeit zu lassen, auf die Hitze zu reagieren. Das Fleisch muss erst eine Kruste entwickeln, bevor es sich zum Umdrehen leicht vom Rost lösen lässt.

Grillzange und Grillkorb
Grillgabeln sollten Tabu sein, da sie das Fleisch beim Einstechen verletzen und der Saft aus dem Fleisch läuft, so dass es austrocknet. Besser ist es, das Grillgut mit einer Grillzange zu wenden.
Für Fisch, Burger oder auch anderes empfindliches Grillgut kann man Grillkörbe verwenden, die problemloses Umdrehen garantieren.

Fleischthermometer
Auch wenn es wenig rustikal erscheint, ist ein Fleischthermometer ein sinnvolles Grillzubehör für den nicht so versierten Grillmeister, um den Gargrad des Grillguts genauer zu bestimmen. Ein Kurzzeitwecker kann außerdem helfen, die Garzeiten zu kontrollieren, bzw. an das Wenden des Grillguts zu erinnern.

Garzeiten und Gargrade
Da die für ein Gericht tatsächlich benötigte Temperatur und Garzeit auch von der jeweiligen Hitzequelle (Gasgrill, Holzkohlegrill oder Holzgrill) und gelegentlich vorkommenden Abweichungen abhängt, verstehen sich die angegebenen Garzeiten lediglich als Richtlinien und können je nach Dicke oder Gewicht des Fleisches variieren. Dazu kommt es auf die Konsistenz des jeweiligen Fleisches an, z.B. wie alt das Tier ist, wie gut abgehangen usw.
Die Gargrade sowie weitere Informationen sind den Tabellen auf Seite 20 und 21 zu entnehmen. Der Garzustand von Fisch und Geflügel mit Knochen entspricht nicht unbedingt dem dort geschilderten Drucktest für Fleisch.
Fisch ist gar, wenn das Fleisch fest ist, gerade beginnt brüchig zu werden und Farbe annimmt. Bei Geflügel mit Knochen kann man durch einen Schnitt ins Fleisch am Knochen feststellen, ob es gar ist. Es darf keinen Anflug von Rosa mehr zeigen.

Unterschiedliche Gargrade
Werden unterschiedliche Gargrade gewünscht (z.B. rare, medium, welldone usw.), legt man am besten das, was am meisten durchgebraten sein soll, früher als das andere auf den Grill.

Ruhephase
Von entscheidender Wichtigkeit ist die Ruhephase nach der Grillphase. Dazu legt man das Fleisch an den Rand des Grillrostes in eine weniger heiße Temperaturzone oder legt es auf einen Teller und bedeckt es mit Alufolie. Während der Ruhephase verteilt sich der Bratensaft gleichmäßig

im ganzen Stück. Zu beachten ist, dass das Fleisch dabei noch ein wenig nachgart. Wer z.B. sein Steak medium möchte, sollte es medium rare vom Grill nehmen.

Aromatisierung des Grillguts

Für Liebhaber des rauchigen Grillgeschmacks gibt es zur Aromatisierung des Grillguts je nach Grill verschiedene Methoden. In Texas werden Mesquite, Hickory und Eiche als Aroma bevorzugt, allerdings befindet man sich dort auch direkt an der Quelle, so dass teilweise auf Holzscheiten dieser Bäume gegrillt wird. Verfügt man nicht über diese Möglichkeit, kann man entsprechende Holzchips zur Aromatisierung im Supermarkt kaufen.

Doch auch in Europa sind inzwischen diese spezielle Holzspäne bzw. Chips aus Mesquite und Hickory oder solche, die aus dem Eichenholz alter Lagerfässer für Whiskey hergestellt werden, in einigen Geschäften oder Online-Shops zu beziehen.

Holzchips sind grober als Holzspäne, aber beide müssen in der Regel vor der Verwendung in Wasser eingeweicht werden, es sei denn die Gebrauchsanweisung der Verpackung sagt etwas anderes. Bei einem Holzkohlegrill werden die Späne oder Chips meist in die Glut gegeben.

Einige Gasgrills verfügen bereits über eine eingebaute Räucherbox. Sie kann aber auch als Zubehör gekauft und in den Grill gestellt werden. Ist keine Räucherbox/Smokerbox vorhanden, kann man gewässerte Holzstücke oder kommerzielle „Woodchips“ in Alufolie wickeln. In diese Räuchertasche ein paar Löcher mit einer Gabel hinein stechen, das Päckchen auf den Grill legen und kurz hoher direkter Hitze aussetzen, bis Rauch aus den Löchern tritt. Die Grillhaube schließen, und schon verströmt das Holz seine Geruchs- und Geschmacksstoffe, die sich am Grillgut absetzen.

Wer Räucher-Chips in einem offenen Grill verwenden möchte, sollte die Variante mit Alufolie wählen und das Alupäckchen in die Glut legen. Dadurch wird das Entzünden der Räucherspäne vermieden und man bekommt einen länger anhaltenden gleichmäßigen Rauch.

Für ein ganz besonderes Aroma kann man auch Knoblauchschalen, zerdrückte Wacholderbeeren, Rosmarin oder andere Kräuter ins Feuer werfen bzw. in die Räucherbox oder das Alupäckchen geben.

TEMPERATUREN

Hitze	Temperatur	Holzkohlengrill Aussehen der Kohle	Gasgrill Stufe 1 – 5	Test	geeignet für
niedrig	110 – 120 °C	Kohlen glühen kaum noch und sind mit Asche bedeckt	Stufe 1	man kann die Hand für 11 – 14 Sekunden über den Grillrost halten	Indirektes Grillen warmhalten räuchern
gemäßigt	140 – 150 °C	Kohlen glühen schwach und sind mit Asche bedeckt	Stufe 2	man kann die Hand für 9 – 10 Sekunden über den Grillrost halten	Indirektes Grillen warmhalten räuchern
mittel	160 – 175 °C	Kohlen glühen noch orange und sind leicht mit Asche überzogen	Stufe 3	man kann die Hand für 6 – 8 Sekunden über den Grillrost halten	Indirektes Grillen Direktes Grillen dickerer Fleischstücke z. B. halbes Hähnchen
heiß	190 – 210 °C	Kohlen glühen orange und beginnen sich mit Asche zu überziehen	Stufe 4	man kann die Hand für 4 – 5 Sekunden über den Grillrost halten	Direktes Grillen dünnerer Fleischstücke, Meeresfrüchten und Gemüse Anbraten größerer Fleischstücke
sehr heiß	230 – 340 °C	Kohlen glühen hellorange	Stufe 5	man kann die Hand für 2 – 3 Sekunden über den Grillrost halten	Direktes Grillen dünnerer und kleiner Fleischstücke, Meeresfrüchten und Gemüse. Anbraten größerer Fleischstücke

GARGRADE

Gargrad		Konsistenz/Fingertest Rind + Schwein	Innentemperatur		
			Rind	Schwein	Geflügel
very rare	fast roh	Außen dünne braune Kruste, innen roh, blutig und noch kalt. Bei Druck mit dem Finger fühlt es sich fast schwabbelig an.	45 – 50 °C	gefährlich - nicht empfehlenswert	gefährlich - nicht empfehlenswert
rare	noch blutig	Außen dünne braune Kruste, innen rot und lauwarm. Bei Druck mit dem Finger fühlt es sich sehr weich an.	50 – 55 °C	gefährlich - nicht empfehlenswert	gefährlich - nicht empfehlenswert
medium rare	rosarot	Außen braune Kruste, innen Kern rosarot, aber mittelwarm. Bei Druck mit dem Finger gibt es leicht nach.	55 – 65 °C	gefährlich - nicht empfehlenswert	gefährlich - nicht empfehlenswert
medium	halb durchgebraten	Außen braune Kruste, innen rosa und heiß. Bei Druck mit dem Finger gibt es nur noch noch wenig nach.	65 – 70 °C	70 – 75 °C	gefährlich - nicht empfehlenswert
medium well	fast durchgebraten	Außen braune Kruste, dünne rosa Linie im Center. Bei Druck mit dem Finger fühlt es sich fest an.	70 – 75 °C	75 – 80 °C	75 – 80 °C
well done	ganz durchgebraten	Außen braune Kruste, innen durchgehend graubraun. Bei Druck mit dem Finger ist es hart. In Texas übernimmt bei diesem Gargrad niemand Verantwortung für die Zartheit des Fleisches.	75 – 85 °C	80 – 90 °C	80 – 90 °C

INGREDIENZEN

Cayennepfeffer besteht original aus gemahlenen getrockneten scharfen Früchten der Chilisorte Cayenne. Oftmals werden aber Gewürzpulver aus anderen cayenneähnlichen Sorten unter diesem Namen verkauft. Charakteristisch ist der leicht rauchige, etwas bittere Geschmack. Aber auch ganze Früchte sind getrocknet erhältlich, vor allem, weil sich diese Chilisorte durch ihre dünne Fruchtwand gut zum Trocknen eignet.

Chili Chili, auch Pfefferschote genannt, ist mit seinen mehr als 100 Sorten eines der Hauptgewürze in der texanischen Küche. Die länglichen Schoten von bis zu 15 cm Länge gibt es in den Farben grün, orange und rot, und sie werden frisch, getrocknet und auch in Dosen angeboten. Es gilt die Regel, je größer die Chili, umso milder ist sie. Die Schärfe ist hauptsächlich in den Samenkörnern enthalten, die vor der Verwendung entfernt werden sollten. Getrocknete Chili haben ein sehr gutes Aroma. Man röstet sie 2 bis 3 Minuten im Backofen und lässt sie anschließend ca. 20 Minuten in sehr heißem Wasser ziehen.

Hickory Hickory sind bis zu 30 Meter hohe Bäume, die mit unseren Walnussbäumen verwandt sind und vor allem in Nordamerika vorkommen. Der Name Hickory stammt von den Algonkin-Indianern. Hickorybäume haben ein sehr hartes, aber biegsames Holz, das man gerne für Hammerstiele, Schlagzeugschlegel, Schießbogen, bis Mitte des 20. Jahrhunderts auch für Golfschläger usw. verwendet.

Koriander Koriander, unserer Petersilie etwas ähnlich, ist im Südwesten der USA wegen seines intensiven Aromas sehr beliebt. Frischer Koriander hat einen wesentlich anderen Geschmack als getrockneter. Koriander lässt sich auch gut im Topf ziehen.

Liquid Smoke Eine Flüssigkeit, die den Gerichten das rauchige Aroma von über Holz Gegrilltem gibt. Damit können Fleischstücke oder auch Fisch mariniert werden. Liquid Smoke gibt es in verschiedenen Geschmacksrichtungen wie z.B. Mesquite, Hickory oder Pecan. Man kann es in Online-Shops kaufen.

Mais zählte bereits 3000 vor Chr. in Mexiko zu den Grundnahrungsmitteln. Die Indianer Nordamerikas kannten mehr als 500 verschiedene Sorten Mais. Der Geschmack reichte von salzig bis zuckersüß. Ist hier von Mais die Rede, dann ist Zuckermais gemeint.

Mesquite Es gibt neben Chili ein anderes wichtiges Element, das in Texas seit Generationen verwendet wird, um Grillgerichten ein besonderes Aroma zu verleihen: das Mesquiteholz von den Azteken „Mizquitl“ genannt. Noch heute gehört der Geruch von verbranntem Mesquite-Holz zu den typischen Gerüchen des Südwestens. Der Rauch dieses Holzes ist unübertroffen darin, nicht nur das natürliche Aroma von Gegrilltem zu verstärken, sondern jedem Gericht ein besonders Aroma zu verleihen. Das Holz wurde für Zaunpfähle und Schutzstände gerne benutzt, aber vor allem, um überall auf den Trails schnell ein Feuer anzünden zu können, denn kein anderes Hartholz brennt heißer und entzündet sich so leicht. Dieser buschartige Baum mit seinen zarten, fedrigen Blättern, die seine bis zu fünf Zentimeter langen nadelscharfen Dornen verbergen, hat sich in Texas zum Unkraut entwickelt. Er bedroht jedes andere Gewächs in seiner Nähe, da er auf trockenem, kargem Boden gedeiht und viel Wasser braucht. Die Hauptwurzel kann bis zu sechs Meter tief wachsen und sich bis zu zwanzig Metern in der Breite verzweigen, so dass sie jeden Tropfen Feuchtigkeit aufsaugt und jede andere Pflanze in ihrem Umkreis verdorren lässt. Dazu vermehrt sich dieser Baum sehr schnell. Ist einer gefällt, entwickeln sich unzählige Pflanzen aus den Schösslingen. Für Rinder zählen die Samen der Mesquite-Pflanze zu den Delikatessen. Da der Samen jedoch meistens wieder ausgeschieden wird, trugen die vielen Rinder nicht unerheblich zur Vermehrung dieser Pflanze bei.

Melasse Melasse ist eine bei der Zuckerherstellung aus Zuckerrohr und Zuckerrüben anfallende zähflüssige, fast schwarze Masse. Was in der Zuckerindustrie als Abfallprodukt behandelt wird, eignet sich nicht nur zum gesunden Süßen von Speisen, sondern wird auch als Heilmittel verwendet.

Piment Der zwischen 6 bis 12 m hohe Pimentbaum stammt aus Mittelamerika und von den Westindischen Inseln. Bereits die Azteken und Maya verwandten dieses Gewürz für kulinarische Zwecke und würzten ihre Schokolade damit. Piment wird auch Nelkenpfeffer und in Nordamerika „Allspice“ genannt, da das Aroma eine Mischung aus Zimt, Muskatnuss und Nelke zu sein scheint.

Tomaten werden fast immer ohne Haut und Kerne verwendet. Dazu die Tomaten kurz in kochendes Wasser geben, abschrecken und enthäuten.

Zwiebeln Die texanische Zwiebel ist wesentlich milder als die meisten unserer Zwiebelsorten. Daher sollten für Gerichte aus diesem Buch möglichst milde Sorten gewählt werden, wie z. B. die spanische Gemüsezwiebel.

KÜCHENTIPPS

Pfeffer
Mit Pfeffer ist hier immer frisch gemahlener schwarzer Pfeffer gemeint.

Zitronen-, Orangen- und Limettenschale
Wird Zitronen- oder Orangenschale zum Aromatisieren verwendet, müssen es nicht immer die sehr teuren unbehandelten Früchte sein. Reibt man die Fruchtschale mit Öl ein und säubert die Frucht dann mit Küchenkrepp, lassen sich eventuelle chemische Rückstände weitgehend entfernen.

Dressieren
Geflügel, Fisch oder Fleisch mit Küchengarn zusammenbinden, damit es in guter Form bleibt und nicht austrocknet. Bei Geflügel bindet man Beine und Flügel am Körper fest.

Zu scharf gewürzt?
In heißen Ländern wird gerne scharf gegessen, da das die Körpertemperatur senkt. Sollte das Essen zu scharf geraten sein oder man hat wohlmöglich in eine Jalapeño gebissen, hilft es, ein wenig Käse zu essen, da im Käse ein Protein enthalten ist, das die Schärfe neutralisiert. Notfalls helfen auch Milch oder Buttermilch.

MAßEINHEITEN UND TEMPERATUREN

Maßeinheiten und Abkürzungen

TL	- Teelöffel - 5 ml
EL	- Esslöffel - 15 ml - 3 TL
g	- Gramm
kg	- Kilogramm - 1.000 g
ml	- Milliliter
l	- Liter - 1.000 ml
Ms	- Messerspitze

Dosengrößen

kleine Dose	unter 300 ml
mittlere Dose	300 - 500 ml
große Dose	500 - 800 ml

Wenn nicht anders angegeben, sind die Zutaten der Gerichte in der Regel für vier Personen gedacht.

BROT UND BRÖTCHEN

Blechbrot von der Sunhill Ranch

500 g	Weizenmehl
40 g	frische Hefe
300 ml	lauwarmes Wasser
5 EL	Öl
1 TL	Salz
½ TL	Zucker
2 TL	Sesam
	Mehl für die Verarbeitung

Das Mehl in eine Schüssel geben und eine Mulde in die Mitte drücken. Die zerbröckelte Hefe in die Mulde geben. Den Zucker drüber streuen und nach und nach unter Rühren das Wasser zugeben. Den Teig mit einem Tuch abdecken und ihn 40 Minuten an einem warmen Ort gehen lassen. Anschließend 3 Esslöffel Öl und das Salz einkneten. Den Teig mit etwas Mehl bestäuben und nochmals abgedeckt 40 Minuten gehen lassen. Nochmals durchkneten und auf einem gefetteten Backblech gleichmäßig hoch verteilen. Mit dem restlichen Öl bestreichen und den Sesam darüber streuen. Nochmals 20 Minuten ruhen lassen. Anschließend bei 200 °C ca. 20 Minuten backen.
Das Brot kann am Tag vorher zubereitet werden. In große Stücke geschnitten, kann man es auf dem Grill frisch aufbacken.

Devils Cornbread

175 g	feines Maismehl
150 g	Maisgrieß (Polenta)
75 g	Weizenmehl
50 g	Zucker
1	Päckchen Backpulver
½ TL	Salz
150 g	Cheddar-Käse, notfalls alter Gouda oder Emmentaler – gerieben
2	rote Jalapeños (vorsicht, sehr scharf!) – fein gehackt
2	grüne Jalapeños (vorsicht, sehr scharf!) – fein gehackt
3	Eier
2 EL	zerlassene Butter
300 ml	Buttermilch
	feuerfeste Schale mit Wasser

Die ersten 6 Zutaten in einer Schüssel gut miteinender vermischen. Den Käse und die Jalapeños hinzufügen und wieder gut durchrühren. Die Eier verquirlen und nach und nach die zerlassene Butter und die Buttermilch einrühren. Die Eiermilch in kleinen Mengen zur Trockenmasse hinzufügen und alles zu einem glatten Teig verkneten. Den Teig in eine gefettete Kastenbackform füllen. Die feuerfeste Schale mit dem Wasser unten in den Backofen stellen. Das Brot 60 Minuten bei 180 °C goldbraun backen.
Das Maisbrot schmeckt warm sehr gut, kann aber auch kalt gegessen werden.

BURGER BRÖTCHEN

950 g	Mehl
360 ml	Milch - lauwarm
240 ml	Wasser - lauwarm
35 g	Trockenhefe oder 60 g frische Hefe
50 g	Stärkemehl
70 g	Zucker
20 g	Salz
50 g	Milchpulver
70 g	Butter
40 g	Backmalz
1	Ei - verquirlt
	Sesamsamen zum Bestreuen

Die Trockenhefe in etwas warmem Wasser auflösen und 15 Minuten stehen lassen. Alle Zutaten, bis auf Butter, Eier und Salz, 10 Minuten gut durchkneten. Butter und Salz hinzufügen und noch einmal 4 Minuten kneten. Den Teig gehen lassen, bis er doppelt so groß ist, und dann zu einer Rolle formen. Mit dem Messer ca. 1,5 cm dicke Scheiben abschneiden und nochmals eine halbe Stunde gehen lassen. Mit dem Ei bestreichen und mit den Sesamkörnern bestreuen. Bei ca. 190 °C im vorgeheizten Backofen ca. 25 Minuten backen.

HOT ROLLS VON DER JUNIPER RANCH

750 g	Weizenmehl (405)
450 ml	lauwarme Milch
50 g	zimmerwarme Butter
50 g	Zucker
1	Ei – leicht verquirlt
1	Packung Backhefe
1 TL	Salz

Mehl, Zucker und Salz vermischen. Die Butter unter das Mehl kneten, anschließende Hefe, das Ei und die Milch hinzufügen und ca. 10 Minuten gut verkneten, bis der Teig glatt und elastisch ist. Den Teig mit einem feuchten Tuch abdecken und 50 Minuten an einem warmen Ort zu doppelter Größe aufgehen lassen. Nochmals 2 Minuten kneten und zu 10 Kugeln formen und dieses mit ausreichendem Abstand (sie werden doppelt so groß) auf ein Backblech legen und etwas flach drücken. 25 Minuten im vorgeheizten Backofen bei 200 °C goldbraun backen.

COWBOY-BISKUITS AM STOCK

Cowboys draußen auf dem oft unendlichen Weideland mussten früher für sich selbst kochen und benutzten Grünholz, um Fleischstücke oder auch ihre Biskuits über dem Feuer zu braten.
Doppelt kohlensaueres Natrium, Backsoda genannt, wurde kommerziell seit 1846 in Amerika hergestellt. Seit dieser Zeit gehörte es zum Proviant eines Cowboys sowie Mehl, Salz, Speck (damit ist geräucherter, gestreifter Speck gemeint), Schweineschmalz und Kaffee.

80 ml	Wasser
240 g	Mehl
½ TL	Salz
½ TL	Backsoda
1	dicker Brocken Schmalz

Alle Zutaten gut verrühren und verkneten, um einen Grünholz-Stock wickeln und so lange über das Feuer halten, bis das Biskuit gar ist.

GEMÜSE UND SALATE

Kocht man die Kartoffeln vor, verringert sich die Grillzeit entsprechend. Am besten sind festkochende Sorten für die Kartoffelrezepte geeignet.

CLASSIC BBQ-POTATO

1	große Kartoffel pro Person
100 g	gestreifter Speck – klein gewürfelt
	Sauerrahm und/oder Butter
	Schnittlauch – klein gehackt
	Salz und Pfeffer

Die Speckwürfel rösten, bis sie kross sind. Die gut gewaschenen Kartoffeln mit einer Gabel rundherum einstechen, mit dem Speckfett einpinseln und salzen und pfeffern. 60 bis 85 Minuten indirekt grillen. Falls kein indirekter Grill vorhanden ist, bei 200 °C in den Backofen legen. Die Kartoffeln mit Sauerrahm oder Butter, mit den Speckwürfeln und mit Schnittlauch bestreut servieren.
Sehr gut schmeckt dazu auch das Texas Ranch Dressing. (S. 96)

KARTOFFELN IN FOLIE GEBACKEN

gewaschene Kartoffeln
Zwiebeln
Butter

Die Kartoffeln längs aufschneiden und 1 oder 2 Zwiebelscheiben und Butter in die Mitte geben. Gut in Folie einwickeln und über den glühenden Kohlen 45 bis 60 Minuten backen. Legt man die Kartoffeln zwischen die Kohlen, verkürzt sich die Backzeit.

FOLIENKARTOFFELN MIT KÄSE

1	große Kartoffel pro Person
	Knoblauchöl
	Pfeffer und Salz
1	große Zwiebel – in Scheiben geschnitten
	Cheddar-Käse, notfalls alter Gouda oder Emmentaler – gerieben

Kartoffeln längs achteln und nebeneinander auf eine mit Knoblauchöl eingepinselte Alufolie legen. Die Kartoffeln mit dem Knoblauchöl von oben einpinseln und pfeffern und salzen. Zwiebelscheiben darüber legen und mit Käse bestreuen. Dann die Folie gut verschließen und entweder im Backofen oder auf dem Grill bei 200 °C ca. 20 bis 30 Minuten gar werden lassen.

GEGRILLTE JUNGE KARTOFFELN

12 – 16	junge Kartoffeln – gut abgewaschen
125 g	Butter auf Zimmertemperatur
125 g	Koriander – klein gehackt
1	Knoblauchzehe – zerdrückt
1	kleine Zwiebel – fein gehackt
1	Chilischote – entkernt und fein gehackt
½ TL	Limettenschale – gerieben
½ TL	Limettensaft
4	Schaschlikstäbchen

Die Butter mit den Gewürzen gut verrühren und mindestens 2 Stunden im Kühlschrank ziehen lassen. Die Kartoffeln kochen, bis sie fast gar sind. Jeweils 3 bis 4 Kartoffeln auf die Spieße stecken. Die Butter schmelzen lassen und die Kartoffeln damit einpinseln. Die Kartoffeln bei mittlerer Hitze 10 bis 15 Minuten grillen. Gelegentlich umdrehen und mit der Butter einpinseln.
Die Kräuterbutter hält sich bis zu einer Woche im Kühlschrank.

KARTOFFELN AUF FOLIE

1 **große Kartoffel pro Person – geschrubbt und halbiert mit Schale**
Knoblauchöl
Pfeffer und Salz

Alufolie mit Knoblauchöl einpinseln, die Kartoffeln mit der Schnittfläche nach unten darauf legen. Von oben mit dem Öl einpinseln, salzen und pfeffern. Im Backofen oder im geschlossenen Grill bei 220 °C etwa 45 bis 50 Minuten backen. Die Kartoffeln sollten innen weich und außen knusprig sein.

Will man die Grillzeit von Mais verkürzen, kann man die Maiskolben ca. 15 Minuten in Salzwasser vorkochen.
Zum Essen der Maiskolben kann man, damit man sich nicht die Finger verbrennt, in beide Enden des Maiskolbens jeweils einen Zahlstocher stechen.

IN DEN BLÄTTERN GEGRILLTE MAISKOLBEN

Maiskolben mit Blättern
Butter
Salz

Die Blätter zurückschieben und die Haare vom Kolben entfernen. Den Mais wieder in die Blätter einwickeln und die Maiskolben mindestens eine halbe Stunde lang wässern. 20 Minuten lang bei 175 °C im geschlossenen Grill oder auf einem offenen Grill 25 Minuten von allen Seiten grillen. Den Kolbenansatz unten abschneiden, die Blätter abziehen und den Kolben mit Butter einreiben und salzen.

MAISKOLBEN DIABOLO

8	Maiskolben
½	Limette
250 g	Butter – Zimmertemperatur
¼ TL	Cayennepfeffer
¼ TL	Chilipulver
1 Ms	Kreuzkümmel
1 EL	Petersilie – gehackt
	Salz

Von der Limette etwas Schale abraspeln und die Limette auspressen. Alle Zutaten mit der Butter gut vermengen und die Butter 1 Stunde im Kühlschrank ziehen lassen. Die Maiskolben dick mit der Kräuterbutter bestreichen und in Alufolie wickeln. Ca. 20 Minuten auf den Grill legen, zwischendurch wenden.
Vorsicht, diese Maiskolben sind sehr scharf!

MAISKOLBEN FREDERICKSBURG

1	Maiskolben mit Blättern
1 TL	Butter
1 TL	Dill – klein geschnitten
1 TL	Koriander

Die Blätter aufklappen und die dünnen, seidigen Härchen entfernen. Die Kolben anschließend eine Stunde in kaltes Wasser legen. Die Butter mit den Gewürzen verkneten und die abgetropften Maiskolben mit der Butter bestreichen. Die Blätter wieder darüber klappen und die Kolben in Alufolie wickeln. Etwa 10 Zentimeter über der Holzkohleglut ca. 25 Minuten rösten und dabei mehrmals wenden. Erst vor dem Essen Folie und Blätter entfernen.

GEGRILLTE ZWIEBELN

1 nicht zu große Gemüsezwiebel pro Person
Butter
Salz und Pfeffer

Die ungeschälten Zwiebeln 10 Minuten in kaltes Wasser legen. Anschließend mit einer Gabel von allen Seiten anstechen und locker in Alufolie einwickeln, und eine Stunde auf den Grill legen und mehrfach wenden. Aufschneiden und buttern, pfeffern und salzen.

BOHNENFLADEN VOM GRILL

1	kleine Dose Kidneybohnen
1	kleine Dose schwarze Bohnen
1	reife Kochbanane - geschält und in Stücke geschnitten
1	rote Zwiebel - fein gewürfelt
1	Knoblauchzehe - zerdrückt
1	rote Chilischote - entkernt und fein gehackt
1 EL	Butter
3 EL	Tomatenmark
100 g	Haferflocken
3 EL	Petersilie - klein gehackt
½ TL	Kreuzkümmelpulver
1 TL	Salz
	Cayennepfeffer

Die Bohnen in ein Sieb abgießen und abtropfen lassen. Den Dosensaft aufbewahren. 50 g rote und schwarze Bohnen und die Kochbanane pürieren. Die Butter erhitzen und Zwiebeln, Knoblauch und Chili darin anschwitzen. Die Mischung zum Bohnenpüree geben. Das Tomatenmark, die restlichen Bohnen, die Haferflocken und die Petersilie mit dem Bohnenpüree verrühren. Die Masse mit den Gewürzen abschmecken. Aus der Masse 10 bis 12 flache Fladen formen. Wenn die Masse zu fest geworden ist, mit etwas Bohnensaft auflockern. Die Bohnenfladen auf einer Alufolie auf dem Grillrost von jeder Seite 3 Minuten grillen und sofort servieren.

SULLIVANTS BAKED BEANS

500 g	**Kidneybohnen – über Nacht eingeweicht oder aus der Dose**
100 g	**fetter Speck – fein gewürfelt**
2	**Zwiebeln – fein gehackt**
1	**Knoblauchzehe – zerdrückt**
3 EL	**Jalapeños – sehr fein gehackt**
180 ml	**Chilisauce (S. 91)**
150 ml	**Melasse**
2 EL	**Senf**
1 EL	**Apfelessig**
¼ TL	**Tabasco**
⅔ TL	**Salz**
¼ TL	**Pfeffer**

Die Speckwürfel knusprig anbraten und aus der Pfanne nehmen. Zwiebeln, Knoblauch und Jalapeños in dem zurückgebliebenen Fett unter ständigem Rühren kurz braten. Den Inhalt der Pfanne und die Gewürze mit den Bohnen vermischen und in eine Auflaufform geben. Die Speckwürfel auf den Bohnen verteilen. Abgedeckt bei 180 °C für 90 Minuten in den Backofen oder geschlossenen Grill stellen. Warm Servieren.

COLE SLAW DALHART

300 g	**Weißkohl – in feine Streifen geschnitten**
200 g	**Rotkohl – in feine Streifen geschnitten**
200 g	**Möhren – in feine Streifen geschnitten**
1	**kleine Zwiebel – klein gehackt**
125 ml	**Mayonnaise**
3 EL	**Apfelsaft**
1 EL	**weißer Balsamico-Essig**
1 EL	**Zucker**
	Salz und Pfeffer

Das Gemüse in eine Schüssel geben und gut verrühren. Die Mayonnaise mit den restlichen Zutaten gut verrühren, mit Salz und Pfeffer abschmecken und unter den Salat heben. Den Salat abdecken und mindestens 2 Stunden im Kühlschrank ziehen lassen.

ANNIE BARKERS COLE SLAW

1 kg	Weißkohl – in dünne Scheiben gehobelt
1 EL	Zucker
1 TL	Senfpulver
1/4 TL	Salz
1	Prise Pfeffer
1 EL	geschmolzene Butter oder Margarine
1	Ei – verquirlt
180 ml	fettreduzierte Sahne
60 ml	Weinessig

Zucker, Senfpulver, Salz, Pfeffer und das Ei vermischen. Die geschmolzene Butter und die Sahne hinzugeben und gut verrühren. Ganz langsam, ständig rührend, den Essig hinzugeben. Die Masse in einen Topf geben und unter ständigem Rühren so lange köcheln lassen, bis die Mixtur dicklich wird. Die Sauce mit dem Kohl vermischen.

COLE SLAW SEGUIN

500 g	Weißkohl – in feine Streifen geschnitten
200 g	Möhren – grob geraspelt
1	rote Paprika – fein gewürfelt
1	rote Zwiebel – fein gehackt
1 Bund	Schnittlauch – in feine Röllchen geschnitten
50 g	gesalzene Erdnüsse – fein gehackt
20 g	Butter
250 ml	Milch
20 g	Mehl
20 g	Zucker
½ TL	Cayennepfeffer
2	Eigelb
6 EL	Weißweinessig
4 TL	Senf – extrascharf
	Salz

Die Butter zerlassen und mit der Milch verrühren. Mehl, Zucker, Cayennepfeffer und Eigelb in einen Topf geben und die Milchmischung dazugießen. Die Flüssigkeit solange erhitzen, bis die Sauce cremig wird. Mit Essig, Senf und Salz würzen. Die Sauce abkühlen lassen. Das Gemüse vermischen und mit der Sauce übergießen. Alles mindestens drei Stunden im Kühlschrank ziehen lassen. Vor dem Servieren die Schnittlauchröllchen und die gehackten Erdnüsse unter den Salat heben.

KARTOFFELSALAT FORT DAVIS

1 kg	rote Kartoffeln
	– gekocht, mit Pelle und in mundgerechte Stücke geschnitten
1	Knoblauchzehe – zerdrückt
100 ml	Saure Sahne
100 ml	Mayonnaise
2 EL	weißer Balsamico-Essig
2 – 3 EL	Basilikum – klein gehackt
2 – 3 EL	Petersilie – fein gehackt
1 TL	Worchestershiresauce
½ TL	scharfer Senf
	Salz und Pfeffer

Die Zutaten für die Salatsauce vermischen und mit Salz und Pfeffer abschmecken. Die Sauce unter die Kartoffelstücke heben. Den Salat abdecken und für 2 Stunden im Kühlschrank durchziehen lassen. Vor dem Servieren nochmals durchrühren.
Für 6 Personen

KARTOFFELSALAT BANDERA

750 g	Salatkartoffeln
	– gekocht, gepellt und in dünne Scheiben geschnitten
250 ml	heiße Fleischbrühe
125 g	fetter Speck – klein gewürfelt
1	große Zwiebel – fein gewürfelt
3 EL	milder Essig
1 Bund	Petersilie – fein gehackt
	Salz und Pfeffer

Die Fleischbrühe kräftig mit Salz und Pfeffer würzen und über die Kartoffeln gießen. Zugedeckt 20 Minuten ziehen lassen. Den Speck und Zwiebeln in einer Pfanne goldgelb braten. Anschließend den Essig hinzufügen und unter den Salat mischen. Den Salat ca. 2 Stunden ziehen lassen. Vor dem Servieren mit der Petersilie vermischen.

GRANDMA ABIGAILS KARTOFFELSALAT

1 kg	**Kartoffeln - gekocht, gepellt und gewürfelt**
1	**mittelgroße Zwiebel - klein gehackt**
1	**Stange Staudensellerie - klein gehackt**
1	**kleine grüne Paprika - klein gehackt**
1	**mittelgroße Möhre - geraspelt**
½	**Gurke - in kleine Würfel geschnitten**
2 TL	**scharfer Senf**
½ TL	**Salz**
1 TL	**Knoblauchpulver**
120 ml	**Mayonnaise**

Das Gemüse mit dem Dressing aus Mayonnaise, Senf, Knoblauchpulver und Salz vermischen.

KARTOFFELSALAT NACOGDOCHES

500	**Kartoffeln - gekocht, gepellt und in Scheiben geschnitten**
1	**mittelgroßes Glas süßsaurer Kürbis - in Würfel geschnitten**
1	**kleines Glas eingelegte Tomatenpaprika - in Würfel geschnitten**
2	**Gewürzgurken - in Würfel geschnitten**
2	**Zwiebeln - fein gehackt**
5 EL	**Salatmayonnaise**
½ TL	**Tafelmeerrettich**
1 TL	**Paprika edelsüß**
5	**Tropfen Tabasco**
	Salz und Pfeffer

Gemüse in einer Schüssel mischen. Mayonnaise, Meerrettich, Paprika und Tabasco vermischen und mit Salz und Pfeffer nachwürzen. Die Sauce über den Salat gießen und mindestens 1 Stunde im Kühlschrank ziehen lassen.

BURGER

Der Burger ist keine moderne amerikanische Erfindung. Anfang des 19. Jahrhunderts brachten deutsche Einwanderer aus Hamburg das Rezept der bei ihnen beliebten Hacksteaks mit und verkauften sie als Hamburger auf Märkten. Da sie preisgünstig und vor allem unterwegs praktisch zu essen waren, wurden sie schnell beliebt und entwickelten sich zu einer großen amerikanischen Tradition.
Ursprünglich besteht ein Hamburger aus Rindfleisch. Der Burger heute bezeichnet eine ganze Bandbreite unterschiedlichster Variationen und fehlt selbst in texanischen Spitzenrestaurants wie dem legendären Big Texan Steak House in Amarillo nicht auf der Speisekarte.
Viele Familien haben ihr eigenes Rezept für Saucen, Beilagen und Burgerbrötchen. Bei Burger-BBQ's findet man häufig ein Buffet. Dort bestreicht und belegt man die geöffneten Burgerbrötchen mit den gewünschten Zutaten, um sich als letztes am Grill den heißen Burger drauflegen zu lassen.

Zu den beliebtesten Zutaten und Beilagen gehören:

Mayonnaise - Ketchup - Senf - Chilisauce - BBQ-Sauce
Eisbergsalat - Zwiebel-, Tomaten- und Gurkenscheiben - Jalapeños
Käsescheiben und Speckwürfel

Zu den folgenden Rezepten können obige Zutaten und Beilagen verwendet werden. Alternativ die jeweils am Rezeptende vorgeschlagenen.

Zubereitung von Burgern:

Die Zutaten sanft verkneten und zu Burgern von ca. 2 cm Höhe formen. Da Rinderhackfleisch oft wenig Fett enthält, kann man das Fleisch auch mit etwas Paniermehl oder einem Ei binden, damit es auf dem Grillrost nicht auseinander fällt.
Die fertigen Burger immer mindestens 1 Stunde zugedeckt im Kühlschrank ziehen lassen und erst nach Erwärmen auf Zimmertemperatur grillen.
Der Grillrost muss mit Öl eingefettet sein, damit die Burger nicht ankleben, und sollte gut vorgeheizt sein, bevor das Fleisch auf den Grillrost kommt. Bei offenem Grill sollten die Burger von jeder Seite ca. 5 bis 7 Minuten gegrillt werden. Vorsichtig mit einem Metallspatel wenden. Sollten die Burger noch kleben, dann etwas länger grillen, bzw. bis sich das Fleisch fest anfühlt. Das Fleischthermometer sollte 70 °C Innentemperatur anzeigen.
Wird der Grilldeckel während des Grillvorgangs geschlossen, nach 3 bis 4 Minuten mit dem Spatel prüfen, ob sich die Burger leicht anheben lassen, sonst länger grillen. Anschließend vorsichtig wenden und von der anderen Seite grillen, bis sich der Burger fest anfühlt.
Die Burgerbrötchen können mit zerlassener Butter bestrichen und von beiden Seiten auf dem Grillrost angeröstet werden.

BURGER TEXAS CLASSIC

1 kg	Rindfleisch - wenn möglich grob gehackt
2	Knoblauchzehen - zerdrückt
1 EL	Öl
	Salz und Pfeffer

Alles gut vermischen und zu Burgern formen.

BURGER DEL RIO

1 kg	Rindfleisch - wenn möglich grob gehackt
1	Zwiebel - fein gehackt
1 EL	mildes Olivenöl
2,5 EL	Tacosauce - Schärfe nach Wahl
2 EL	Koriander - fein gehackt
2 EL	Jalapeños
1 TL	Tabasco
	Salz und Pfeffer

Das Öl in einer Pfanne erhitzen und die Zwiebeln darin glasig werden lassen. Nach Abkühlen mit den restlichen Zutaten vermischen, salzen, pfeffern und zu Burgern formen.
Dazu kann Chilisauce (S.91), Guacamole (S. 97), Jalapeño-Mayonnaise (S. 95), Avocadosalsa (S. 98) oder Tomatensalsa (S. 98) serviert werden.

BLACKBART'S CHILI BURGER

1,5 kg	Rindergehacktes
2 EL	Chilipulver
80 ml	Milch
240 g	Cheddarkäse, notfalls alter Gouda oder Emmentaler - geraspelt

Alles gut verkneten und zu 6 Burgern formen.

GEFLÜGEL-BURGER BLUE HILL FARM

1 kg	Geflügelfleisch – klein gehackt
2	Knoblauchzehen – zerdrückt
6	Frühlingszwiebeln – fein gehackt
8	lange Scheiben Speck – dünn geschnitten
	Salz und Pfeffer

Alle Zutaten, außer dem Speck, gut vermischen. Zu Burgern formen, die Burger mit jeweils 2 Speckstreifen umwickeln und mit Zahnstochern feststecken. Die Burger mindestens 1 Stunde zugedeckt in den Kühlschrank stellen. Anschließend grillen bis der Speck schön braun ist.

REHBURGER BLUEBONNET RANCH

1 kg	Reh- oder Hirschfleisch – gehackt
8	Scheiben Speck
1	große Zwiebel – in Scheiben geschnitten
	Salz und Pfeffer

Das Rehfleisch mit Salz und Pfeffer vermischen und zu Burgern formen. Die Burger jeweils auf einer Speckscheibe auf eine Alufolie legen. Auf die Burger nochmals eine Speckscheibe und eine Zwiebelscheibe legen. Die Folie gut verschließen, so dass kein Saft austreten kann. Von jeder Seite 5 Minuten grillen.

FISCHBURGER HIGH ISLAND

1 kg	Weißfischfilet – in kleine Stücke geschnitten
50 g	Paniermehl
1	kleine Zwiebel – fein geschnitten
1	Knoblauchzehe – zerdrückt
1	Eigelb
1 TL	Tabasco
	Cajun-Rub (Seite 85) – die gesamte Mischung

Alle Zutaten gut vermixen und mit leicht angefeuchteten Händen zu Burgern formen. 5 Minuten von jeder Seite auf einem eingeölten Grillrost, oder bis sie braun sind, grillen.

RINDFLEISCH

In Deutschland wird Fleisch anders geschnitten als in den USA. Daher ist es teilweise nicht einfach, genau zu lokalisieren, welches Fleischstück gemeint ist. So verwenden die Amerikaner im Gegensatz zu den Europäern den gesamten Rinderrücken für Steaks. Das amerikanische Rump Steak wird z.B. aus der Hinterkeule geschnitten und ist ein eher preiswertes Stück.
Leuchtend hellrotes Steakfleisch ist zu frisch und schrumpft beim Garen. Es sollte mindestens 14 Tage abgehangen sein und hat dann eine stumpfe braunrote Farbe. Erst nach der Reifezeit bekommt das Fleisch sein typisches Aroma und wird mürbe.
Angegebene Garzeiten beziehen sich auf gut abgehangenes Fleisch eines jungen Rindes.
In Restaurants in Texas werden Steaks häufig lediglich mit Salz und Pfeffer gewürzt serviert, und man bedient sich an den auf den Tischen stehenden BBQ-Saucen verschiedener bekannter Hersteller.

Chuck	**Hals – Nacken – Kamm**
Top Blade Steak	Nackensteak – ist durchaus zart
Chuck Short Ribs	Querrippe oder kurze Rippen
Chuck Steak	Kurzrippensteak aus dem unteren Rippenbereich, 200 bis 250 Gramm schwer, wird aus dem zartesten Teil der Schulter geschnitten.
Brisket	**vordere Rinderbrust**
Brisket	An sich ein zähes Stück Fleisch, jedoch lange genug auf dem im BBQ-Grill gegart, wird es butterzart.
Rib	**Hochrippe**
Beef Ribs	lange Rippen
Rib Eye Steak	Es wird aus dem ausgelösten runden Roastbeef der Hochrippe von möglichst jungen Tieren geschnitten und zeigt einen deutlichen Fettkern, das Auge (Eye). Es ist ca. 2 bis 3 cm dick. Durch seine Marmorierung sehr saftig.
Club Steak	Club Steaks oder Rib Club Steaks werden aus dem hinteren Teil der Hochrippe oder aus dem angrenzendem Roastbeef mit oder ohne Knochen geschnitten. Sie sind bis zu 2,5 Zentimeter dick und bestehen aus Muskelfleisch, das von einer Fettschicht umgeben ist.
Prime Rib Steak	Es wird aus dem mageren Kern der Hochrippe geschnitten und stammt aus dem Bereich des sechsten bis neunten Brustwirbels. Es ist somit weitgehend identisch mit dem Rib Eye Steak. Der Begriff „Prime“ leitet sich von den Qualitätsstandards des US-Landwirtschaftsministeriums (USDA) ab, die sich u. a. auf den Marmorierungsgrad und damit auf die „Saftigkeit“ des Fleisches beziehen.
Prime Rib Roast	Roastbeef mit Knochen aus dem mageren Kern der vorderen Hochrippe
Short Loin	**vorderer Teil des Roastbeefs**
Porterhouse Steak	das Porterhouse-Steak wird mit Filet und Knochen aus dem flachen Roastbeef geschnitten. Es hat einen größeren Filetanteil als das T-Bone-Steak. Es ist 2,5 bis 6 cm dick und kann zwischen 500 bis 1.000 g wiegen.
T-Bone-Steak	Das T-Bone-Steak, benannt nach seinem T-förmigen Knochen mit in der Mitte, hat einen kleinen Filet- und einen Roastbeefanteil. Es wird dünner geschnitten als das Porterhouse Steak.

Top Loin Steak	Roastbeef
Sirloin	**hinterer Teil des Roastbeefs**
Sirloin Steak	Lendensteak, in Deutschland als Rumpsteak bezeichnet. Das Sirloin Steak ist ein sehr großes, mageres Steak aus dem hinteren Ende des flachen Roastbeefs geschnitten. Es ist das größte aller Steaks und kann bei 2 bis 6 cm Dicke ca. 1,2 bis 2 kg wiegen.
Strip Steak	wird aus dem hohen Roastbeef geschnitten. Es ist mager und festfleischig und wird 2 bis 2,5 cm dick geschnitten.
Tenderloin	**Filet**
Tenderloin Steak	Filetsteak
Tenderloin Roast	Filetbraten
Round	**Hinterkeule**
Round Steak	Kluftsteak, Hüftsteak oder Huftsteak stammen aus der Kugel oder Blume und sind nicht sehr zart. In Norddeutschland werden diese Steaks auch aus der Oberschale geschnitten. Die Steaks sind meist 2 bis 3 cm dick und werden gelegentlich auch Point-Steak genannt.
Flank and Plate	**untere Flanke und untere Brust**
Flank Steak	Das Flank Steak wird aus dem unteren Rippenbereich, dem "Rinderlappen" unterhalb des Filets geschnitten und ist anderthalb bis zwei Pfund schwer. Das Flank Steak ist schmackhaft, aber hart und faserig und sollte daher mariniert und nicht mehr als medium gegrillt werden. Es muss quer zur Faser geschnitten werden, dann ist es sehr zart.
Skirt Steak	Steak aus dem inneren Rippenbogen, aus dem Bauchlappen geschnitten, sehnig. Es hat einen intensiven Rindergeschmack und ist saftig. Es sollte quer zur Faser in schmale Streifen geschnitten werden, dann ist es sehr zart.

STEAKS NUECES COUNTY

4	Steaks - Art und Größe nach Belieben
125 ml	Öl
125 ml	Whiskey
1 EL	Chilipulver
2	Knoblauchzehen - zerdrückt
1 TL	Majoran - gehackt
2 - 3	Tropfen Tabasco

Alle Zutaten für die Marinade gut miteinander verrühren, die Steaks 5 bis 6 Stunden darin ziehen lassen, abtrocknen und grillen. Die Steaks kurz vor Grillende noch einmal mit der Marinade bepinseln. Erst nach dem Grillen salzen.

STEAKS NEW BRAUNFELS

4	Steaks - Art und Größe nach Belieben
200 ml	Bockbier
4	Knoblauchzehen - zerquetscht
4 EL	brauner Zucker
4 EL	Worchestershiresauce
4 EL	schwarzer Pfeffer
2 EL	Öl

Bier, Zucker, Worchestershiresauce und Öl solange verrühren, bis sich der Zucker aufgelöst hat. Knoblauch und Pfeffer einrühren. Die Steaks in die Marinade legen und mindestens eine Stunde lang ziehen lassen. Die Marinade abtropfen lassen und die Steaks von beiden Seiten nach Wunsch grillen.

STEAKS VON DER DIAMOND "D" RANCH

4	Rindersteaks ca. 4 cm dick - ohne Fettränder
1 TL	Estragon
4	Knoblauchzehen - zerquetscht
1,5 TL	Basilikum
1 TL	Schnittlauch - getrocknet

Knoblauch und Kräuter in einem Mörser zu Brei zerdrücken. Die Steaks auf beiden Seiten mit dieser Mischung einreiben und zugedeckt 1 bis 2 Stunden in den Kühlschrank stellen. 30 Minuten vor dem Grillen bei Raumtemperatur weiter ziehen lassen. Die Steaks von jeder Seite ca. 5 Minuten grillen und an den Rand des Grills legen und 3 Minuten ruhen lassen. In dieser Zeit gart das Fleisch noch etwas nach. Dabei einmal wenden. Sollen die Steaks durch sein, die Zeit entsprechend verlängern.

CATTLEMAN'S STEAK

1	Club Steak - 5 cm dick, ca. 1,2 kg
2,5 EL	Brauner Zucker
2 EL	Paprikapulver
1 EL	Senfpulver
1 EL	Knoblauchpulver
2 TL	getrocknetes Basilikum
1	Lorbeerblatt - fein zerrieben
1 TL	getrockneter Thymian
1 TL	Pfeffer

Alle Zutaten für das BBQ-Gewürz gut vermischen und das Steak von allen Seiten gut damit einreiben. Anschließend in Frischhaltefolie wickeln und 12 Stunden im Kühlschrank durchziehen lassen. Danach auf dem vorgeheizten Grill von jeder Seite 13 bis 15 Minuten grillen; dann sollte es medium sein. Vom Grill nehmen und mindestens 6 Minuten unter einer Alufolie ruhen lassen, bevor es serviert wird.

PORTERHOUSE STEAK KINGSVILLE

2 Porterhouse Steaks
125 g Butter
1 Zwiebel - fein gehackt
2 EL Orangensaft - frisch gepresst
1 EL roter Pfeffer
1 Ms Piment

Butter und Gewürze gut miteinander vermengen. Die Steaks am besten medium rare grillen, da sie dann besonders saftig sind. Je länger sie auf dem Grill liegen, umso größer ist die Gefahr, dass sie austrocknen. Die fertigen Steaks mit der Rote-Pfeffer-Butter bestreichen.
Diese Butter schmeckt auch gut zu gegrillten Maiskolben.

TOP SIRLOIN BARBECUE

2 kg Rinderlende
2 Knoblauchzehen - zerdrückt
¼ TL Pfeffer
1 Ms Cayennepfeffer
⅛ TL Nelkenpulver
2 EL Essig
125 ml Öl

Alle Gewürze gut vermischen und den Braten damit gut einreiben. Das Fleisch in eine Schüssel mit dem Öl legen und darin wälzen. Die Schüssel abdecken und das Fleisch 2 Stunden bei Zimmertemperatur ziehen lassen. Gelegentlich wenden. Das Fleisch 15 cm über der Glut platzieren. Die Garzeit beträgt 45 bis 60 Minuten. Das Fleisch mehrmals umdrehen.

RINDERLENDE OLD TEXAN

2 kg	Rinderlende
60 ml	Whiskey
4	scharfe Chilischoten – fein gehackt (ersatzweise Tabasco)
	Salz und Pfeffer

Wenn möglich, die Chilischoten eine Woche im Whiskey einlegen. Die schnellere Variante ist, Tabascosauce mit Whiskey zu verrühren. Den Braten mit Pfeffer einreiben und das flüssige Gewürz gut einmassieren. Lagerfeuer oder Holzkohlengrill gut durchglühen lassen. Das Fleisch auf einen Ast aus frischem Holz oder einen Spieß stecken. Eventuell mit Draht fixieren. Zwei Astgabeln so neben das Feuer stecken, dass der Spieß 15 cm über der Glut hängt. Den Spieß drehen und nach etwa 10 Minuten mit etwas Salz überstreuen und mit dem Gewürzwhiskey beträpfeln oder einpinseln. Nach weiteren 30 Minuten diesen Vorgang wiederholen. Die Lende braucht ca. 40 bis 50 Minuten, bis sie gar und innen zartrosa ist. Das Fleisch vor dem Anschneiden ca. 5 Minuten ruhen lassen, sonst läuft der Saft aus.
Natürlich kann die Rinderlende auch auf einem Gasgrill zubereitet werden.

Beef Brisket, geräucherte Rinderbrust, war und ist ein recht beliebtes und preiswertes BBQ-Essen in Texas. Das Fleisch ist eigentlich zäh und fast ungenießbar, doch es entwickelt sich, wenn es bei niedriger Temperatur möglichst langsam gegart wird, zu einem zarten Stück Fleisch. Bei einigen Profis in Texas wird das Fleisch durchaus mehr als fünfzehn Stunden im Smoker gegart. Sechs Stunden im Holzkohlengrill, Gasgrill oder Smoker sollte man immer einplanen. Die Brisket ist dann saftig und würzig, da der hohe Fettanteil innen und außen das Fleisch vor dem Austrocknen bewahrt, aber bis zum Garwerden weggeschmolzen ist.
Brisket wird häufig mit eingelegten Gurken, Zwiebelscheiben, Weißbrot und BBQ-Sauce serviert.

TRIPLE CREEK RANCH BRISKET

2,5 kg	**Rinderbrust ohne Knochen**
125 ml	**Apfelessig**
1	**Limette - ausgepresst**
1 EL	**Worcestershiresauce**
125 ml	**Ketchup**
1	**große Zwiebel - klein gehackt**
½ TL	**scharfe Chilisauce oder ein paar Tropfen Tabasco**
2	**Knoblauchzehen - zerquetscht**
½ TL	**Chilipulver**
¼ TL	**Salbei**
	Schale einer Limette - fein geraspelt
1 TL	**Salz**
	Räucherspäne oder Holzgrillchips

Alle Marinadezutaten gut vermischen, aufkochen und 15 Minuten unter Rühren simmern lassen. Das Fleisch darin über Nacht marinieren.
Beim Holzkohlengrill kurz vor Auflegen des Fleisches vier Hände voll Holzspäne auf die Kohlen geben. Dazu müssen jede Stunde 10 bis 12 frische Kohlen und zwei Hände voll Räucherspäne nachgelegt werden. Beim Gasgrill die Holzspäne in die Räucherbox oder eine Räuchertasche füllen und den Grill auf höchste Stufe stellen, bis das Holz zu räuchern beginnt. Anschließend den Grill auf ca. 140 °C runterfahren. Die Rinderbrust mit der Fettschicht nach oben in eine Aluminiumschale legen und in die Mitte zwischen die beiden Hitzequellen stellen. Den Grill schließen und das Brisket ca. 6 Stunden garen. In den ersten vier Stunden jede Stunde mit der Marinade bestreichen. Das Fleisch nach Garwerden 10 Minuten ruhen lassen und anschließend quer zur Faserung in dünne Scheiben schneiden.

BEEF BRISKET BOOTHILL BBQ

2,5 kg	Rinderbrust ohne Knochen
20 g	Paprikapulver
2 EL	Knoblauchpulver
2 EL	Kreuzkümmel – gemahlen
2 EL	brauner Zucker
1 EL	Chilipulver
1 EL	Cayennepfeffer
1 TL	getrockneter Oregano
1 TL	Senfpulver
3 EL	Salz
	Bier

Das überschüssige Fett bis auf einen Rand von 1 cm abschneiden. Die Gewürze miteinander vermischen und das Fleisch von allen Seiten damit einreiben. Die Rinderbrust über Nacht in einem gut verschlossenen Plastikbeutel in den Kühlschrank legen. Zum Grillen das Fleisch zunächst Raumtemperatur annehmen lassen. Den Grill auf 120 °C anheizen und eine kleine Pfanne, mit Wasser oder Bier gefüllt, in den Grill stellen. Die Brust mit der Fettseite nach oben auf den Grill legen und sechs Stunden im geschlossenen Grill garen. Das Fleisch jede Stunde mit Bier bestreichen. Nach Ende der Garzeit ruhen lassen, das Fett abschneiden und das Fleisch quer zur Faserung in dünne Scheiben schneiden und mit beliebigen Beilagen und Saucen servieren.

BARBECUED BEEF RIBS I

1,5 kg	Querrippe
3 EL	Fett
250 ml	Wasser
2	kleine Zwiebeln – klein gehackt
250 ml	Ketchup
2 TL	Worchestershiresauce

Zwiebeln, Ketchup, Worchestershiresauce und das Wasser 20 Minuten lang simmern lassen. In der Zwischenzeit die Rippchen im Fett in einer grillfesten Form anbräunen. Die Sauce über die Rippchen gießen und bei 180 °C im geschlossenen Grill 2 Stunden backen. Falls nötig Wasser zugießen. Die Rippchen in einzelne Rippenstücke schneiden und mit beliebigern Beilagen servieren.

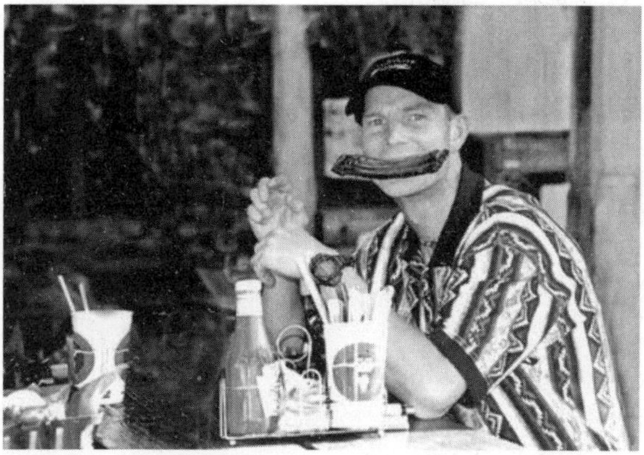

BARBECUED BEEF RIBS II

1 Seiten	Rinderrippen
	Marinade nach Geschmack (ab Seite 86)

Die Rippen über Nacht im Kühlschrank in die Marinade einlegen. Am nächsten Tag das Fleisch auf Raumtemperatur bringen, die Rippen auf die oberste Schiene des Grills legen und bei niedriger Temperatur 3 bis 4 Stunden garen oder bis das Fleisch sich vom Knochen löst. In der letzten Stunde zweimal mit der Marinade einpinseln.

DADDY TANNERS BBQ ROAST

2,5 kg	Rinderbraten
300 g	würziger Senf
2	Tüten Zwiebelsuppe

Am Morgen vor dem Grillen den Senf mit dem Pulver der Zwiebelsuppe gut vermischen. Zwei große Stücke Alufolie kreuzweise übereinander legen. Das abgetupfte Fleisch großzügig mit dem Zwiebelsenf bestreichen und mit der bestrichenen Seite nach unter in die Mitte der Alufolie legen. Die obere Seite mit dem restlichen Zwiebelsenf bestreichen. Die Alufolie um das Fleisch zusammenfalten. Mit weiterer Alufolie einwickeln, so dass das Fleisch fest eingeschlossen ist und beim Umdrehen im Grill kein Saft auslaufen kann.

Den Grill auf mittlere Hitze einstellen und das Fleisch zwischen die Hitzequellen legen, bzw. daneben legen. Bei einem kleineren Holzkohlegrill die Kohlen auf eine Seite schieben. Den Deckel schließen und den Roast 2 bis 2,5 Stunden oder bis die Kerntemperatur 65 °C beträgt, grillen. Den Braten alle 30 Minuten umdrehen. Vor dem Servieren 10 Minuten in der Folie ruhen lassen, dann in einer tiefere Schale legen, damit der Bratensaft nicht verloren geht und aufschneiden.

PRIME RIB WAGON WHEEL RANCH

4 kg	Rinderbraten aus dem Kern der vorderen Hochrippe mit Knochen
2 EL	Zwiebelpulver
3 EL	Rosmarinblätter - fein gehackt
2 EL	Pfeffer
1 TL	Estragon
1 TL	Knoblauchpulver
4 EL	Chilipulver
2 TL	Meersalz
	Holzchips oder Holzspäne

Den Braten eine Stunde vor dem Grillen aus dem Kühlschrank nehmen. Alle Gewürze gut miteinander vermischen und den Braten damit einreiben. Die Holzspäne wie auf Seite 19 beschrieben, verwenden. Den Grill auf 165 °C heizen. Den Braten mit den Rippen nach unten auf den eingeölten Rost legen und bei geschlossenem Deckel pro Pfund 12 bis 14 Minuten grillen. Den Deckel nicht zwischendurch öffnen, da eine gleichmäßige Temperatur sehr wichtig ist. Der Braten ist fertig und medium, wenn die Kerntemperatur 65 °C beträgt. Ein höherer Gargrad würde die Prime Rib ruinieren. Den Braten mit Alufolie bedeckt 20 bis 30 Minuten ruhen lassen, bevor er aufgeschnitten wird.
Für 10 Personen

SMOKED MEAT LOAF

1,5 kg	Rindergehacktes
1	große Zwiebel – fein gehackt
1	grüne Paprikaschote – fein gehackt
3	Knoblauchzehen fein gehackt
300 g	Cracker- oder Semmelbrösel
3	Eier – verquirlt
250 ml	Ketchup
125 ml	Milch
2 EL	Salz
1 EL	Pfeffer

Alle Zutaten gut miteinander verkneten und zu einem Laib formen. Den Grill auf 120 °C vorheizen, den Fleischklops auf den Rost zwischen die Feuerquellen legen und zwei Stunden garen lassen. Danach umdrehen. Der Braten ist fertig, wenn die Kerntemperatur 70 °C erreicht.

SCHWEINEFLEISCH

Obwohl Texas das Land der Rinder ist und gigantische Rinderrippen gegrillt werden, erfreuen sich auch Schweinrippchen großer Beliebtheit. Ansonsten ist relativ wenig Schweinefleisch auf texanischen Speisekarten zu finden, sondern eher östlich des Mississippi. BBQ-Spareribs lassen sich in Texas in vielen Varianten finden. Dafür werden Schälrippchen verwendet oder die fleischigere Dicke Rippe, dann meist Spareribs "Country Style" genannt. Damit sie zart werden, sollen sie langsam bei mäßiger Hitzezufuhr gegart werden. Um den Vorgang abzukürzen, kann man Rippchen auch vorkochen, aber sie verlieren dabei sehr viel ihres Geschmacks.
Man rechnet pro Person 500 bis 600 g Rippchen. Die Rippchen sind gar, wenn sich das Fleisch leicht von den Knochen lösen lässt.

TRIANGLE RANCH SPARERIBS

	Dicke Rippe - eine ganze Seite
2	Zwiebeln - fein gehackt
1	rote Paprika - fein gehackt
1	Chili - fein gehackt
400 g	Tomaten - püriert
3 EL	Essig
3 EL	Honig
1 EL	scharfer Senf
3 EL	Öl
125 ml	Fleischbrühe
1 EL	Koriander - fein gehackt
	Salz und Cayennepfeffer

Die Zwiebeln im Öl glasig braten. Paprika, Essig und Honig hinzufügen. Gut vermischen und mit der Brühe ablöschen. Den Koriander dazugeben und die Sauce etwas einkochen lassen. Mit Salz und Cayennepfeffer so abschmecken, dass die Marinade würzig scharf ist. Die Rippchenseite längs auf einen Spieß stecken und von allen Seiten mit der Marinade einpinseln. 90 Minuten bei mäßiger Hitze von beiden Seiten grillen. Der Spieß soll nicht näher als 30 cm am Feuer sein. Das Fleisch von Zeit zu Zeit mit Marinade einpinseln. Rippenweise geschnitten servieren.

TEXAS SPARERIBS

3 kg	Dicke Rippe – überschüssiges Fett abgeschnitten
300 g	Zucker
4 EL	Salz
2,5 TL	Pfeffer
2 EL	Knoblauchpulver
3 EL	Rosenpaprika
1 TL	Cayenne-Pfeffer
2	große Zwiebeln – klein gehackt
1 l	Tomatenketchup (S. 90) oder fertig gekauften
750 ml	Wasser
4 EL	Brauner Zucker
	Cayenne-Pfeffer zum Abschmecken
	Salz und Pfeffer zum Abschmecken
1	Handvoll Holzchips – mindestens 1 Stunde in Wasser eingeweicht

Zucker, Salz, Pfeffer, Paprikapulver, Cayenne-Pfeffer und Knoblauchpulver gut vermischen. Die Rippchen mit der Mischung gut einreiben. (Man kann natürlich auch eine andere Gewürzmischung verwenden (Seite 84). Die Rippchen in eine feuerfeste Form legen und für mindestens 8 Stunden zugedeckt in den Kühlschrank stellen. Die Rippchen dann bei 3 bis 4 Stunden 135 °C, oder bis das Fleisch zart ist und fast von den Knochen fällt, im Backofen garen lassen. 60 ml Bratfett aus der Pfanne nehmen, in einer Bratpfanne erhitzen und die Zwiebeln darin bräunen und weich werden lassen. Das Ketchup hinzufügen und 5 Minuten unter Rühren erhitzen. Nun Wasser und Braunen Zucker einrühren und die Sauce mit Cayenne-Pfeffer, Salz und Pfeffer abschmecken. Die Hitze herunterstellen und eine Stunde simmern lassen, bis die Sauce dicklich wird. Falls nötig, mehr Wasser hinzufügen.

Den Grill auf mittlere Hitze erwärmen und die Holzchips auf die Kohlen legen oder in die Smoker-Box des Grills. Den Grillrost leicht einölen. Die Rippchen 20 Minuten grillen und dabei gelegentlich umdrehen. In den letzten 10 Minuten mit der Sauce einpinseln. Die Rippchen von Grill nehmen und 10 Minuten ruhen lassen. In Rippenstücke schneiden und mit dem Rest der Sauce und vielen Servietten oder Papiertüchern servieren.

TONY SVENSONS FAMOUS RIBS

2	Kilo Schälrippchen – in Portionen von 4 bis 5 Knochen zerteilt
250 ml	Ketchup
250 ml	Weißweinessig
120 ml	Honig
2 TL	Zucker
½ TL	Salz
¼ TL	Knoblauchpulver
¼ TL	Zwiebelpulver
	Tabasco nach Geschmack

Die Soßenzutaten verrühren und bei milder Hitze 25 bis 30 Minuten simmern lassen. Einen geschlossenen Grill auf 150 °C vorheizen. Die Rippchen mit der Soße bestreichen und die einzelnen Portionen in Alufolie wickeln. Die Päckchen auf einen Rost legen, so dass nichts auslaufen kann, und zwei bis drei Stunden garen oder bis das Fleisch sehr weich ist. Am Ende der Garzeit den geöffneten Grill hochheizen und die ausgepackten Rippchen auf dem Rost von beiden Seiten sehr braun grillen und mit der restlichen Sauce servieren.
Je nach Appetit 4 – 6 Portionen

KING RANCH

SMOKED SPARERIBS

2	Schweinerippenstücke von je 1,5 kg – ohne Knochenhaut
90 g	Brauner Zucker
8 EL	Chilipulver
8 EL	Knoblauchpulver
2 EL	Paprika
2 EL	schwarzer Pfeffer
1 EL	Kreuzkümmelpulver
1 EL	Senfpulver
	Pflanzenöl
	Holzspäne oder Holzchips
	Bier

Alle Zutaten für die Gewürzmischung vermengen, aber nur soviel Öl zugeben, dass die Würzpaste auf dem Fleisch haften bleibt. Das Fleisch mindestens zwei Stunden, am besten aber über Nacht, zugedeckt kühl stellen. Die Holzspäne oder Holzchips 30 Minuten in Bier oder Wasser tränken und im Grill platzieren. Den geschlossenen Grill auf 100 °C erhitzen und die Rippen mit der Knochenseite nach unten so weit weg wie möglich von der Hitzequelle legen. Das Fleisch 3,5 bis 4,5 Stunden garen. Wenn die Rippchen zwischendurch trocken erscheinen, mit Bier einpinseln. Das Fleisch ist gar, wenn es sich leicht vom Knochen lösen lässt. Außen sollen die Rippchen knusprig und innen saftig sein. 5 Minuten abkühlen lassen und dann in Segmenten von 3 bis 4 Rippen servieren.

SCHWEINEFILET RANCHO SAN ISIDRO

2	Schweinefiletstränge
4 EL	Orangensaft
8 EL	Ketchup
8 EL	Sonnenblumenöl
4 EL	Apfelessig
2	Zwiebeln - fein gerieben
2 EL	Worchstershiresauce
2	Spritzer Tabaco
½ TL	Oregano - fein gehackt

Alle Zutaten gut miteinander vermischen. Die Marinade abdecken und für 12 Stunden im Kühlschrank ziehen lassen. Vor dem Marinieren nochmals durchrühren. Das Grillgut mit der Marinade von allen Seiten einpinseln, den Rest darüber gießen und 3 bis 4 Stunden im Kühlschrank ziehen lassen. Beide Schweinefilets auf eine Folie in den Grill legen und etwa 20 Minuten lang grillen. Die Filets dabei mehrfach wenden und mit dem Rest der Marinade bestreichen. Das Filet in Scheiben aufgeschnitten servieren.
Die Marinade kann man auch gut für Geflügel verwenden.

SCHWEINEFILET OAK HILL FARM

2	Schweinefiletstränge
1	mittelgroße Zwiebel - klein gehackt
1	Knoblauchzehe - zerquetscht
1 EL	Öl
75 ml	Wildblütenhonig
75 ml	Apfelessig
125 ml	Tomatenketchup
75 ml	Whiskey
½ TL	Chilipulver
	Salz und Pfeffer

Die Zwiebeln und den Knoblauch im Öl anbräunen. Alle anderen Zutaten für die Sauce hinzufügen, aufkochen und bei kleiner Flamme köcheln lassen, bis sie dicklich wird. Das Schweinefilet mit der Sauce von beiden Seiten bestreichen, auf einer Folie auf den Grillrost legen und etwa 20 Minuten lang grillen. Die Filets dabei mehrfach wenden und mit der Honigsauce bestreichen. Aufgeschnitten servieren und mit der Sauce übergießen.

LARRY WEBSTERS SCHWEINENACKEN VOM SPIEß

1 kg	ausgelöster Schweinenacken
1	Zwiebel - fein gerieben
3	Knoblauchzehen - zerquetscht
2 EL	Öl
6 EL	helles Bier
1 EL	scharfer Senf
1 TL	geriebener Meerrettich
	Pfeffer
	Paprikapulver - edelsüß
3 - 4	Spritzer Tabasco
	Salz

Den Schweinenacken auf einen Drehspieß stecken und unter ständigem Drehen ca. 90 Minuten grillen. Öl, Bier, Senf, Meerrettich, Pfeffer, Paprika und Tabasco verrühren. Zwiebeln, Knoblauch und eine Prise Salz unter die Würzmischung rühren. Damit den Schweinenacken nach 30 Minuten Grillzeit öfters einpinseln. Den fertigen Schweinenacken vom Spieß nehmen und in Scheiben schneiden.

NACKENSTEAKS EL PASO

4	Nackensteaks oder Nackenkoteletts à 200 - 250 g
4 EL	Whiskey
4 EL	Orangenmarmelade
1 EL	Orangensaft
1 EL	Brauner Zucker
3	Gewürznelken
2	Knoblauchzehen - fein gehackt
	Pfeffer

Whiskey, Orangenmarmelade, Orangensaft und Zucker gut miteinander verrühren. Knoblauch, Gewürznelken und Pfeffer zu der Marinade geben. Die Steaks in eine Form legen, mit der Marinade übergießen, abdecken und über Nacht im Kühlschrank ziehen lassen. Vor dem Grillen die Marinade 10 Minuten köcheln lassen oder bis sie eindickt. Anschließend die Steaks mit der Marinade von beiden Seiten einpinseln. Die Steaks von beiden Seiten grillen. Vor dem Wenden nochmals mit der Marinade bestreichen.

NACKENSTEAKS BANDERA COUNTY

4	Nackensteaks ca. 200 g
3	Zitronen - in Scheiben geschnitten
3 EL	Honig
2	Gläser Weinbrand
2 EL	Olivenöl
2 EL	grüne Pfefferkörner - zerdrückt
1 EL	Pfeffer
1	Bund Petersilie - fein gehackt

Honig mit Weinbrand, Olivenöl, grünen Pfefferkörnern, Pfeffer und der Petersilie zu einer Marinade verrühren. Die Nackensteaks in eine kleine flache Schüssel legen, mit den Zitronenscheiben belegen und mit der Marinade übergießen. Mindestens 24 Stunden zugedeckt ziehen lassen. Das Fleisch von jeder Seite ca. 5 Minuten grillen. Während des Grillens öfters mit der Marinade einstreichen.

CROWN ROAST

1	Kotelettstrang – 14 bis 17 Rippen von ca. 4 kg – vom Schlachter zu einer Krone zusammenbinden lassen
10	Knoblauchzehen – fein gehackt
3 EL	frische Salbeiblätter – fein gehackt
3 EL	frischer Majoran – fein gehackt
	Öl
	Bier
2 TL	Salz
½ TL	Pfeffer
17	Cherry Tomaten – Deckel abgeschnitten und Samen entfernt

Knoblauch, Salbei, Majoran, Salz und Pfeffer vermischen. Den Crown Roast mit Öl bestreichen, mit der Gewürzmischung einreiben und die Knochenenden mit Alufolie umwickeln. Den geschlossenen Grill auf 200°C anheizen und den Crown Roast in die Mitte legen. Nach 15 bis 20 Minuten die Hitze auf 165° C reduzieren und den Crown Roast mit Bier bepinseln. 3,5 bis 4 Stunden grillen. Wichtig ist es, das Fleisch immer wieder mit Bier zu bepinseln oder zu besprühen. Die tatsächliche Garzeit richtet sich nach dem Gewicht des Crown Roasts und kann am besten durch die Kerntemperatur bestimmt werden. Wenn die Kerntemperatur von ca. 80°C erreicht ist, den Crown Roast vom Grill nehmen und noch 10 Minuten abgedeckt auf einer Platte ruhen lassen. Die Cherry Tomaten über die Knochenenden stülpen und den Crown Roast wie eine Torte aufschneiden.
Für 12 Personen

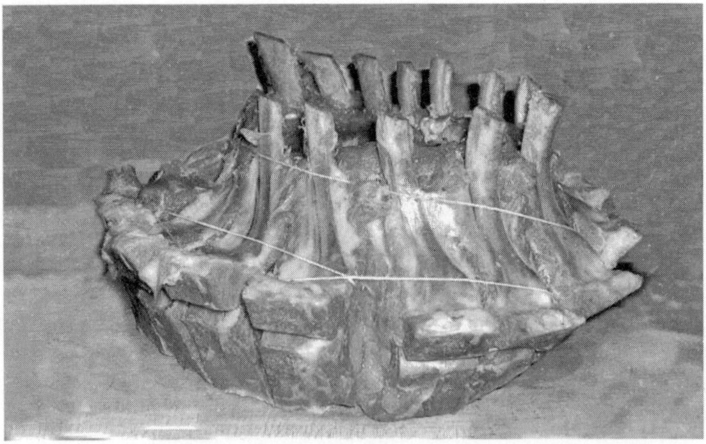

WILD

Wild kann auch gegrillt werden, aber da es sehr mager ist, wird es schnell trocken. Man sollte es mit Speck umwickeln, spicken oder ständig mit Fett bepinseln. Der Garpunkt muss genau bestimmt werden, und das Fleisch sollte leicht rosa und nicht ganz durchgebraten sein, sonst wird es zäh und ungenießbar. Eine leckere Wildmarinade gibt jedem Stück Wild einen individuellen Geschmack. (S. 88)

FRISCHLINGSRÜCKEN-SPIEß

1	Spanferkelrücken mit Schwarte - ca. 1,8 bis 2 kg
100 ml	Öl
400 ml	Rinderfond
2 EL	Majoranblätter - gehackt
200 g	Gemüsezwiebel - grob gewürfelt
300 ml	Malzbier
1	Lorbeerblatt
1 EL	Chilipulver
1 EL	Speisestärke
	Salz und Pfeffer

Am Vortag die Schwarte des Spanferkelrückens über Kreuz einritzen. Die Majoranblätter mit Öl, Chili und einem Esslöffel Pfeffer verrühren, den Braten von allen Seiten damit einreiben, in einen Klarsichtbeutel legen und über Nacht marinieren.

Am nächsten Tag den Braten auf einem elektrischen Drehspieß über den Grill hängen. Eine Aluschale in der Größe des Bratens unter das Fleisch stellen und die Zwiebeln in die Aluschale legen. Den Braten etwa 75 Minuten auf dem Drehspieß goldbraun und knusprig grillen. Während des Grillvorgangs mehrmals mit Malzbier bepinseln. Sollten die Zwiebeln zu dunkel werden, eventuell mit etwas Wasser ablöschen. Für die Sauce Bratensud und Zwiebeln aus der Aluschale in einen Topf umfüllen. Das restliche Bier (mindestens 150 ml) und das Lorbeerblatt zugeben und die Flüssigkeit auf die Hälfte einkochen. Den Fond zugießen und 15 Minuten stark einkochen. Anschließend die Bratensauce durch ein Sieb gießen. Mit der Speisestärke nochmals unter Umrühren aufkochen und mit Salz und Pfeffer würzen.

Den Braten in Scheiben geschnitten mit der Sauce servieren.

SHERIFF WEBSTERS WILDSCHWEINSTEAKS

4	Wildschweinsteaks ca. 3 bis 4 cm dick
8	dünne Scheiben Frühstücksspeck
8	Thymian- oder Rosmarinzweige
	Öl
	Salz und Pfeffer

Die Steaks rundherum mit Thymianzweigen und Speck umwickeln und mit einem Holzspieß befestigen. Den Grillrost mit etwas Öl einpinseln und ca. 10 cm über die Glut legen. Die Steaks von jeder Seite 4 bis 5 Minuten grillen. Salzen, pfeffern und servieren.

HIRSCHRÜCKEN WOODVILLE

1,5 kg	Hirschrücken - enthäutet
250 g	Frühstücksspeck - in dünnen Scheiben
150 g	Portobello-Champignons - fein gehackt - notfalls braune Champignons
2	Zwiebeln - fein gehackt
2 EL	Petersilie - gehackt
1 TL	Majoran - gehackt
	Butterschmalz
	Salz und Pfeffer
	roter Pfeffer
	Schnüre

Die Zwiebeln im Butterschmalz glasig braten. Die Portobellos hinzufügen und mit Salz, Pfeffer und Majoran würzen. Die Mischung pürieren, die Petersilie einrühren und alles abkühlen lassen. Die Speckstreifen in Größe des Fleischstückes nebeneinander legen und mit der Pilzmischung bestreichen. Den Hirschrücken, längs auf einen Drehspieß gesteckt auf die Speckscheiben legen. Den Hirschrücken mit der restlichen Pilzmischung bestreichen und mit dem restlichen Speck rundherum bedecken. Mit den Schnüren zusammenbinden. Den Spieß 30 cm über der Glut aufhängen und etwa 40 bis 50 Minuten von allen Seiten grillen. Das Fleisch vom Grill nehmen und 10 Minuten ruhen lassen. Den Spieß herausziehen, das Fleisch in Scheiben schneiden und mit rotem Pfeffer bestreuen.

HIRSCH- ODER REHSTEAKS

4 Hirsch- oder Rehsteaks
8 Scheiben Frühstückspeck – dünn geschnitten
Wildmarinade (S. 88)

Die Steaks über Nacht marinieren. Vor dem Grillen mit den Speckscheiben umwickeln und medium grillen.

KANINCHEN ODER HASE CROSS CREEK RANCH

1 Kaninchen oder Hase – ausgenommen
4 EL Butter – zerlassen
1 Zitrone – ausgepresst
6 EL Honig
1 Knoblauchzehe – zerquetscht
1 TL Chilipulver

Alle Zutaten für die Marinade vermischen und eine Stunde kalt stellen. Das Kaninchen oder den Hasen längs auf einen Drehspieß stecken und mit der Marinade einpinseln. Das Kaninchen ca. 50 bis 60 Minuten grillen, dabei gelegentlich mit der Marinade bestreichen. Es sollte einen Abstand von 30 cm zum Feuer haben.

GEFLÜGEL

CHICKEN WINGS AUS SAMUELS BBQ-RESTAURANT

2 kg	Hühnerflügel (Wings)
2	Zitronen - ausgepresst
250 ml	milde Chilisauce
4	Chilischoten - entkernt und fein gehackt
2	Knoblauchzehen - zerquetscht
4 EL	Honig
	Tabasco
	Salz und Pfeffer

Den Zitronensaft mit Honig und Chilisauce verrühren. Knoblauch, Chilischoten und Salz und Pfeffer hinzufügen. Die Marinade nach gewünschter Schärfe mit mehr oder weniger Tabasco abschmecken. Die Hühnerflügel im Backofen bei 200 °C goldgelb durchgaren. Die Wings abkühlen lassen, mit der Marinade einpinseln, in eine Schüssel legen und mit dem Rest der Marinade begießen. Über Nacht, mindestens aber 4 Stunden im Kühlschrank ziehen lassen. Auf dem heißen Grillrost von beiden Seiten grillen, bis die Chicken Wings knusprig braun sind. Durch den Honig werden die Wings recht dunkel.

HONIG-HÜHNERBRÜSTE NUECES CANYON RANCH

4	Hühnerbrüste mit Knochen - ohne Haut
2 EL	flüssigen Pinienhonig
1	Orange - ausgepresst
1	Knoblauchzehe - zerdrückt
	Salz und Pfeffer

In jede Hühnerbrust 3 Einschnitte machen und nebeneinander in eine Schüssel legen. Alle restlichen Zutaten mixen und über die Hühnerbrüste gießen. Die Schüssel abdecken und im Kühlschrank für 1 bis 2 Stunden die Marinade einziehen lassen. Die Hühnerbrüste bei hoher Temperatur 4 bis 6 Minuten von jeder Seite, oder bis sie gar sind, grillen. (Fingerdrucktest: das Fleischstück sollte sich fest anfühlen).

SHARON'S LIMETTENHUHN

2	Hähnchen – jeweils in vier Teile zerlegt
1 EL	Olivenöl
1	Limette – ausgepresst

Marinade:

1 l	Wasser
125 g	Salz
2	Knoblauchzehen – zerquetscht
1 TL	Chilipulver
2	Limetten – ausgepresst

Rub

1 TL	Zwiebelpulver
1 TL	scharfes Paprikapulver
½ TL	Chilipulver
1 TL	Knoblauchpulver
½ TL	Pfeffer

Alle Zutaten für die Marinade vermischen. Die Hähnchenteile in eine Schüssel legen und mit der Marinade übergießen. Sie sollen ganz bedeckt sein. Notfalls noch etwas Wasser zugeben. Das ganze abgedeckt 2 bis 3 Stunden im Kühlschrank ziehen lassen. Anschließend die Hühnerteile trocken tupfen. Die Gewürze vermischen und das Fleisch damit einreiben. Das Olivenöl und den Limettensaft vermischen und die Hähnchenteile damit einpinseln. Den Grill auf mittlere Hitze vorheizen und die Hühnerteile mit etwas Zwischenraum auf den Grillrost legen. Alle 5 Minuten wenden. Die Grillzeit beträgt je nach Intensität der Hitze ca. 30 bis 45 Minuten. Nach dem Grillen noch 5 Minuten ruhen lassen.

HÜHNCHEN RANCHO DEL RIO PECOS

1	großes Huhn – in 8 Teile zerlegt
	oder je nach Geschmack Hühnerbrüste oder Hühnerschenkel
120 ml	Rotwein
6	Knoblauchzehen – zerquetscht
½ TL	Pimentpulver
1 TL	Oregano
½ TL	Zimtpulver
½ TL	Chilipulver
1 TL	Kümmelpulver
½ TL	Koriander

Den Wein mit den Gewürzen gut vermischen. Die Hühnerteile in eine Schüssel legen, mit der Marinade übergießen und mindestens 4 Stunden im Kühlschrank ziehen lassen. Die Hühnerteile aus der Marinade nehmen und 20 bis 30 Minuten, oder bis sie durch sind, von jeder Seite bei mäßiger Hitze grillen. Mindestens zweimal dabei mit der verblieben Marinade einpinseln.

TEXAS HILLCOUNTRY BEER BUTT CHICKEN

1	Hähnchen – ca. 1,6 bis 1,8 kg
1	Dose Bier nach Geschmack – bevorzugt Malzbier
	etwas Butter
1	kleine Zwiebel – geschält
2 EL	Brauner Zucker
2 EL	Paprikapulver – süß
1 EL	schwarzer Pfeffer
1 EL	Salz
1 EL	Knoblauchpulver
1 TL	Zwiebelpulver
1 TL	Selleriesalz
½ TL	Cayennepfeffer
	Spezialhalterung für Geflügel

Einen verschließbaren Gasgrill (mit ausreichend hohem Deckel!) auf 160 bis 175 °C vorheizen. Mindestens ein Drittel des Biers ausgießen. Das Hähnchen mit der Butter außen und innen einreiben. Die Gewürze vermischen und das Hähnchen damit innen und außen würzen. Den Rest der Gewürzmischung in die Bierdose füllen (vorsicht, kann kräftig schäumen). In die Bierdose oben noch zusätzliche Löcher einschlagen, damit das Bier besser verdampfen kann. Die Bierdose in das Gestell setzen und das Hähnchen so darauf platzieren, dass die Schenkelenden unten als Stütze dienen. In den Hals die Zwiebel stecken, damit das verdampfende Bier nicht nach oben verdunstet, sondern die Feuchtigkeit an das Fleisch abgibt. Durch die gewürzte Flüssigkeit in der Dose wird der Vogel auch von innen gedämpft und aromatisiert, während er von außen gegrillt wird.
Gegrillt wird indirekt - also nicht über, sondern neben der Glut und mit einer Abtropfschale unter dem Hähnchen. Den Deckel des Grills schließen. Gelegentlich das Hähnchen mit Flüssigkeit aus der Abtropfschale einpinseln. Aber den Grill nicht zulange auflassen, damit die Temperatur nicht zu sehr absinkt. Man rechnet als Garzeit je Pfund ca. 20 Minuten. Die Temperatur im Grill sollte gehalten werden, da das Hähnchen bei größerer Hitze nicht schneller gart, sondern von außen schwarz wird und innen roh bleibt. Die Innentemperatur des Fleisches sollte, gemessen im dicksten Teil des Schenkels, 80 °C betragen. Das Hähnchen mit der Auffangschale aus dem Grill holen, von der Bierdose nehmen und tranchieren. Vorsicht: Die restliche Flüssigkeit in der Dose ist sehr heiß!
Auf diese Art und Weise kann bei entsprechender Grillzeit auch jedes andere Geflügel gegrillt werden.

SEÑORA ESTRELLAS BBQ-HUHN

1	großes Huhn
60 ml	Sonnenblumenöl
100 ml	Weißwein
2 EL	Weißweinessig
2	kleine Zwiebeln - fein gehackt
2	Knoblauchzehen - zerdrückt
½ TL	Salz
½ TL	Pfeffer
1 TL	Koriander - fein gehackt
4	Limetten - ausgepresst

Alle Zutaten für die Sauce mischen und in eine Schale füllen. Das Huhn in die Schale legen und über Nacht an einem kühlen Ort zugedeckt ziehen lassen. Wenn möglich das Huhn mehrmals in der Marinade umdrehen, um die Marinade gleichmäßig zu verteilen.
Am nächsten Tag ¾ der Marinade in ein Würstchenglas füllen, in den Hühnersitz stellen und das Huhn darauf setzen. Das Huhn mit der restlichen Marinade einpinseln und über einer Abtropfschale auf den Grillrost neben die Hitzequelle stellen. Bei geschlossenem Deckel garen, und zwar etwa 45 Minuten oder bis eine Kerntemperatur von 80 °C erreicht ist. Ab und zu mit der Limettenmarinade bestreichen.

WILDHUHN AM SPIEß

2	Wildhühner - notfalls Hähnchen - von ca. 900g
1 TL	Oregano - fein gehackt
1 TL	Rosmarinblätter - fein gehackt
1 TL	Thymianblätter - fein gehackt
1 TL	glatte Petersilie - fein gehackt
3	Knoblauchzehen - zerquetscht
1 TL	Salz
½ TL	Pfeffer
1	Zitrone - ausgepresst
100 ml	Olivenöl
3 TL	scharfer Senf
4	Thymianzweige
4	Rosmarinzweige

Kräuter, Knoblauch, Salz und Pfeffer in einer Küchenmaschine zerkleinern. Nacheinander Senf, Zitronensaft und Öl bis auf 2 Esslöffel hinzufügen und alles zu einer Paste verarbeiten. Die Hühner innen und außen mit der Paste einreiben. Jeweils 2 Teelöffel der Paste unter die Haut der Hühner geben und mit den Fingern unter der Haut gleichmäßig verteilen. In die Bauchhöhle der Hühner jeweils 1 Teelöffel Kräuterpaste und 2 Thymian- und zwei Rosmarinzweige geben. Die Hühner mit Küchengarn dressieren und mindestens zwei Stunden im Kühlschrank abgedeckt ziehen lassen.
Den Grill auf hohe Temperatur vorheizen und die Hühner auf den Drehgrillspieß stecken. Die Hühner 40 bis 60 Minuten grillen. Während des Grillens gelegentlich mit dem restlichen Öl bestreichen.

GEGRILLTE WILDENTEN

2	Wildenten - küchenfertig
1	handvoll frische Rosmarinzweige
1	handvoll frische Thymianzweige
1 EL	Salz

Die Enten entlang des Rückgrats einschneiden und den Brustknochen nach unten drücken, bis die Enten flach liegen. Die Ente rundherum mit den Thymian- und Rosmarinzweigen spicken und salzen. Mit der Haut nach unten grillen bis sie eine schöne braune Farbe haben, dann umdrehen und grillen, bis das Fleisch medium ist. Nicht übergaren, da Wildenten sonst hart und trocken werden.

BBQ-TRUTHAHN

1	Truthahn von 4 bis 5 kg – mit einer Schnur dressiert
	El Paso Rub (S. 85)
	Öl
	Holzspäne oder Holzchips – ca. eine Stunde eingeweicht

Den Truthahn mit Öl einpinseln und außen und innen mit dem Gewürz einreiben. Im Kühlschrank zwei Stunden einziehen lassen.
Beim Gasgrill Späne in die Räucherbox oder Alufolie legen und den Grill auf die höchste Stufe stellen, bis sich Rauch bildet. Anschließend auf 175 °C runterstellen. Beim Holzkohlengrill die Räucherspäne direkt auf die Kohlen legen. Der Truthahn wird bei schwacher bis mittlerer Hitze indirekt gegrillt, d.h. in der Mitte zwischen den beiden Gasbrennern, bzw. den Holzkohlen. Unter den Grillrost eine Auffangschale stellen und den Truthahn auf den Grillrost legen. Man rechnet als Garzeit je Pfund ca. 20 Minuten.

GEGRILLTER FASAN

1	Fasan
4	dünne Scheiben Speck
½ l	Weißwein
2	Zwiebeln – grob geschnitten
2	Rosmarinzweige
2	Thymianzweige
6	Wacholderbeeren – leicht gepresst
2	frische Lorbeerblätter
4	Knoblauchzehen – zerquetscht
8	Pfefferkörner
6 EL	Salz
4 EL	Brauner Zucker
1 EL	Cayennepfeffer

Den Fasan in eine Schale legen. Die anderen Zutaten, außer den Speckscheiben, vermischen und über den Fasan gießen. Über Nacht an einem kühlen Ort ziehen lassen. Den Fasan auf den Hähnchenthron setzen und vier Scheiben Speck oben drauf legen, damit er nicht austrocknet. Bei 175 °C ca. 40 Minuten indirekt grillen.
Zur Aromatisierung Holzchips, Wacholderbeeren und Rosmarin verwenden.

FISCH

Fischen und Angeln gehören zu Texas wie die Longhorns und Ölpumpen. Hinter vielen Häusern steht ein Boot, um an den nächsten See zu fahren und zu angeln. Kostenlose staatliche Bootsrampen erleichtern es, das Boot

zu Wasser zu lassen. Oder andere Familien fahren einfach an den nächsten See, Fluss oder die Küste, nehmen ihr Zelt mit und grillen das Gefangene gleich vor Ort. So findet man ganze Großfamilien, aber auch Großväter und Väter mit ihren Enkeln und Kindern bei dieser beliebten Freizeitbeschäftigung.
Die einfachste Art Fische zu grillen, ist die im Fischgrillkorb, da der Fisch beim Wenden nicht auseinander fällt. Dafür sind Fische bis 500 g ideal. Soll der Fisch mariniert werden, schneidet man ihn auf jeder Seite schräg zur Längsrichtung drei- bis viermal parallel ein, damit er die Marinade besser aufnehmen und auch gleichmäßiger garen kann.
Viele der hier vorgestellten Rezepte lassen sich auch bei anderen Fischarten anwenden. Zu fast jedem gegrillten Fisch passt Limettenbutter oder Limettensauce (S. 95)

FISCH ÜBER DEM LAGERFEUER GEGRILLT

Fische jeder Art: Forellen, Zander, kleine Hechte oder was auch immer werden ausgenommen, innen und außen sehr gut gesalzen und auf einen langen angespitzten grünen Ast aufgefädelt. Das dicke Ende des Astes wird direkt neben dem zu dreiviertel abgebrannten Feuer schräg in die Erde gerammt, so dass der Fisch über der Glut hängt. Ab und zu wenden.
Wenn die Fische gar sind, lassen sich die Flossen leicht heraus ziehen. Man schält die Fischhaut ab und isst das saftig gebliebene Fleisch.

FORELLE IN FOLIE

4	Forellen – küchenfertig
250 g	Frühstücksspeck – in dünne Scheiben geschnitten
4	Thymianzweige und Rosmarinzweige
	Salz und Pfeffer
	Küchengarn oder Bindfaden

Die Forellen salzen, pfeffern und die Kräuterzweige in die Fische legen. Den Fisch vom Kopf bis zum Schwanz mit Speck umwickeln und mit Garn verschnüren. Auf den nicht zu heißen Grill legen und von beiden Seiten jeweils ca. 10 bis 15 Minuten grillen. Der Speck soll hellbraun und knusprig sein.

FORELLEN IN MAISBLÄTTERN VOM GRILL

4 Forellen – küchenfertig und ohne Kopf
4 Maiskolben in Blättern
Butter
Salz und Pfeffer

Die Forelle innen und außen salzen und pfeffern sowie Butterflöckchen in den Fisch geben. Von einem Maiskolben, der etwa so groß wie der Fisch ist, werden die Hüllblätter der Länge nach auf einer Seite aufgeschlitzt und vorsichtig zurückgestreift. Den Maiskolben herausbrechen, etwaige Maishaare entfernen und die Forelle anstelle des Maises hineinlegen. Die Blätter wieder verschließen und mit Küchengarn umwickeln. 10 Minuten in kaltes Wasser legen und von beiden Seiten jeweils 10 bis 15 Minuten, oder bis der Fisch gar ist, grillen. Die Maiskolben 25 Minuten von allen Seiten grillen und mit Butter und Salz servieren.
Stehen keine Maisblätter zur Verfügung, kann man auch eine Fischgrillzange benutzen und Zitronenscheiben unter und über den Fisch in die Zange legen, damit der Fisch schön saftig bleibt.

GRANDPA GEORGES GEGRILLTER FISCH

was immer heute gefangen wurden – grillfertig vorbereitet
100 g Semmelbrösel oder zerkleinerter, gerösteter Toast
1 TL Knoblauchpulver
1 TL Zwiebelpulver
Pfeffer

Die Semmelbrösel mit den Gewürzen vermischen. Die Fische darin wälzen und auf dem Grill auf eine eingeölte Folie legen. Dort je nach Größe der Fische länger oder kürzer grillen.

FISCH RUIDOSA

1	großer Fisch (800 - 1000g)
	- was immer gefangen wurde - küchenfertig
2 TL	grüne Pfefferkörner - fein zerdrückt
2	rote Chilischoten - fein gehackt
3 TL	Butter - Zimmertemperatur
6 EL	Zitronensaft
4 EL	Butter - Zimmertemperatur
1 EL	Zucker
2	kleine Chilischoten - fein gehackt

Zitronensaft, Butter, Zucker und Chili miteinander gut verrühren. Die Chilibutter für 2 Stunden im Kühlschrank kalt stellen. Den Fisch an der dicksten Stelle 2 x diagonal einschneiden. Pfefferkörner, Chili und Butter im Mixer zu einer feinen Paste mixen. Den Fisch innen und außen mit der Paste einreiben und 20 Minuten kaltstellen. Den Fisch von jeder Seite ca. 10 bis 15 Minuten grillen, je nachdem wie schwer der Fisch ist. Anschließend mit der Chilibutter servieren.

GEGRILLTER FISCH MIT CHILISAUCE

4	Fische, was auch immer gefangen wurde - küchenfertig
9 EL	Öl
9 EL	Limettensaft
1 TL	Salz
1 TL	Pfeffer
1 EL	Chilipulver
2 EL	Zucker
3 EL	Fischfond
10	Knoblauchzehen - fein gehackt
	Salz und Pfeffer

Die Fische im Abstand von etwa 2 cm schräg zur Längsrichtung nicht zu tief einkerben. Mit vier Esslöffeln Limettensaft und Salz innen und außen würzen, etwas pfeffern und mit Öl einpinseln. Den Knoblauch in einem kleinen Topf in 5 Esslöffel Öl bei mittlerer Hitze etwa 2 Minuten goldgelb braten und mit dem Öl beiseite stellen. Für die Sauce 2 Esslöffel Öl erhitzen, das Chilipulver darin kurz anrösten und vom Herd nehmen. Fischfond, den restlichen Limettensaft und den Zucker dazugeben und so lange rühren, bis sich der Zucker gelöst hat. Den Knoblauch hinzufügen. Die Fische von beiden Seiten grillen und dabei gelegentlich mit Öl einpinseln. Kurz vor dem Servieren die Chilisauce erwärmen und über die servierten Fische gießen.

GRILLFISCH TRINITY RIVER

4	Fische, was auch immer gefangen wurde – küchenfertig
2 EL	Butter – geschmolzen
	Cajun-Rub (S. 85)

Den Fisch mit der geschmolzenen Butter einpinseln und mit dem Cajun-Rub einreiben. Anschließend von beiden Seiten grillen.

CATFISH LAKE TEXOMA

2	Welse von ca. 500 g – ohne Kopf
2 EL	Olivenöl
2 TL	Zwiebeln – fein gehackt
1 EL	milder Essig
½ TL	Salz
¼ TL	Pfeffer
3 EL	Mischung halb und halb aus geschmolzener Butter und Öl

Den Rückenknochen entfernen, ohne dass die Welse in zwei Teile fallen und die Fische nebeneinander mit der Haut nach unten in eine flache Schüssel legen. Alle Zutaten außer der Butter-Öl-Mischung miteinander verrühren, über den Fisch gießen und 20 Minuten ziehen lassen. Danach den Fisch umdrehen und nochmals 20 Minuten ziehen lassen. Den Grillrost mit der Butter-Öl-Mischung einpinseln und den Fisch mit der Haut nach unten auf den Rost legen und 15 Minuten, oder bis er gar ist, grillen. Dabei mehrmals von oben mit der Butter-Öl-Mischung einpinseln.

JOE HANCOCKS BARSCH VOM GRILL

1	Barsch von ca. 1 kg
8	Rosmarinzweige
8	Thymianzweige
1	Knoblauchzehe
1	Zitrone

Den Fisch mit der Knoblauchzehe einreiben und die Haut auf beiden Seiten quer vier- bis sechsmal einschneiden. In jede Kerbe abwechselnd einen Thymian- oder einen Rosmarinzweig stecken. Die restlichen Zweige in die Bauchhöhle legen. Den Barsch mit Öl einpinseln und auf einem heißen Grillrost 25 bis 30 Minuten garen. Dabei mehrfach umdrehen.

MARINIERTER BARSCH

4	Barsche oder Weißfische zu je 250 g – küchenfertig
2	Schalotten oder Zwiebeln – in Ringe geschnitten
1 Bund	Petersilie – klein geschnitten
4 EL	Öl
2	Zitronen – ausgepresst
1 Ms	Thymianpulver
1 TL	Salz
2 EL	Butter – zerlassen
4 EL	Semmelbrösel
1 TL	Öl
1	Zitrone

Das Öl mit Zitronensaft, Thymianpulver, der Hälfte der Petersilie und den Zwiebel- oder Schalottenringen verrühren. Die Fische in der Mischung wenden und anschließend 30 Minuten zugedeckt darin ziehen lassen. Die Fische während der Marinierzeit mehrfach wenden. Die Fische aus der Marinade nehmen, innen und außen mit Salz bestreuen, mit der zerlassenen Butter bepinseln und in den Semmelbröseln wenden. Den Grillrost mit Öl bestreichen, Fische auflegen und von jeder Seite 8 bis 10 Minuten grillen (bei Weißfisch 6 bis 8 Minuten). Den Fisch mit der restlichen Petersilie überstreuen.

GEWÜRZMISCHUNGEN

UND

MARINADEN

Wer zum Grillen sein Fleisch einmal selbst mariniert hat, wird kein fertig eingelegtes Fleisch mehr kaufen wollen. Dazu kann man die Qualität und die Frische des Fleisches besser beurteilen, wenn man es im Originalzustand sieht. Auch Allergiker profitieren von selbst zusammengestellten Würzmischungen.
Das Grillgut kann bereits am Tag vor dem Grillen zubereitet werden, da das Fleisch besonders gut schmeckt, wenn es über Nacht zugedeckt im Kühlschrank mariniert wird, weil sich dann die Aromastoffe besonders gut entfalten. Auch Dips oder Grillsaucen entfalten ihr volles Aroma häufig besser, wenn sie länger ziehen.

COWBOY-RUB

½ TL	Salz
1 EL	Chilipulver
1 EL	Paprikapulver
1 EL	Brauner Zucker

Alle Zutaten gut vermischen und damit das Fleisch einreiben.

LONG HILL RANCH-RUB

½ TL	Knoblauchpulver
½ TL	Zwiebelpulver
½ TL	Salz
½ TL	Cayenne-Pfeffer
½ TL	schwarzer Pfeffer
½ TL	weißer Pfeffer
120 g	Brauner Zucker
60 g	Paprikapulver – nach Geschmack mild oder scharf

Alle Gewürze gut miteinander vermischen. Das Grillfleisch damit einreiben und möglichst 10 Stunden im Kühlschrank ziehen lassen. Das Gewürz hält sich in einem Schraubglas sehr lange.

CAJUN-RUB

3 TL	Paprikapulver
1 TL	Cayennepfeffer
1 TL	getrockneter Thymian
1 TL	getrocknete Petersilie
1 TL	getrockneter Oregano
½ TL	Zwiebelsalz
1 Prise	Zimt

Die Gewürze vermischen. Eine kleine Pfanne erhitzen, alle Gewürze eine Minute erwärmen, bis sie zu rauchen beginnen. So wird das Aroma der Gewürze intensiver. Vom Herd nehmen und direkt verbrauchen oder in ein kleines Gläschen füllen.
Dieses Rezept kommt aus dem Grenzgebiet zu Louisiana.

EL PASO-RUB

1 TL	Pfefferkörner – frisch zerstoßen
½ TL	Thymianpulver
½ TL	Chilipulver – scharf oder mild je nach Geschmack
1 TL	Paprika süß
1 TL	Zwiebelpulver
½ TL	Knoblauchpulver
½ TL	Dillpulver oder Dillspitzen
3 TL	getrocknete Petersilie

Die Gewürze im Mörser gut vermischen. Das Grillfleisch damit einreiben und mindestens 4 bis 5 Stunden ziehen lassen. Das Gewürz hält sich in einem Schraubglas sehr lange.

BBQ-PASTE

90 g	Brauner Zucker
8 EL	Chilipulver
8 EL	Knoblauchpulver
2 EL	Paprika
2 EL	schwarzer Pfeffer
1 EL	Kreuzkümmelpulver
1 EL	Senfpulver
	Pflanzenöl

Alle Zutaten für die Gewürzmischung vermengen, aber nur soviel Öl zugeben, dass die Würzpaste auf Fleisch haften bleibt. Das entsprechende Fleisch damit einreiben und über Nacht zugedeckt kühl stellen.

GRANDMA RUTH'S STEAK-MARINADE

60 ml	Öl
1 EL	Zitronensaft
1	zerstoßene Knoblauchzehe
½ TL	Salz
¼ TL	Pfeffer

Die Zutaten vermischen. Das Fleisch vor dem Grillen damit einpinseln und 60 Minuten im Kühlschrank ziehen lassen. Die Marinade kann zusätzlich während des Grillens zum Einpinseln verwendet werden.

AUNT LIZZY'S ROTWEIN-MARINADE

250 ml	trockener Rotwein
2 EL	Weinessig
2	Knoblauchzehen – zerdrückt
1 TL	Salz
1 TL	Oregano oder Basilikum – je nach Geschmack
2 EL	Öl

Alle Zutaten gut vermischen. Das Fleisch darin 2 bis 6 Stunden ziehen lassen.

MARINADE CACTUS RANCH

1 EL	Öl
½ TL	Worchestershiresauce
1	Knoblauchzehe - zerdrückt
170 ml	Obstessig
½ TL	Salz
⅛ TL	Pfeffer

Alle Zutaten mischen und das Fleisch darin 2 bis 6 Stunden ziehen lassen.

MARINADE RANCHO MARIETTA

1	Zwiebeln - fein gehackt
1	Knoblauchzehe - zerdrückt
100 ml	Rotwein
1	kleine Dose Tomaten - zerquetscht
125 g	brauner Zucker
1 TL	grüne Pfefferkörner - zerstoßen
2 EL	Chilipulver
½ EL	Worcestershiresauce
½ TL	Senfpulver
1	Spritzer Tabasco
½ TL	Salz

Alle Zutaten mischen, kurz aufkochen und abkühlen lassen. Das Fleisch darin über Nacht einlegen.

MARINADE TRIPPLE CREEK RANCH

2	Zwiebeln
150 g	Pfirsichmarmelade
3 EL	Ketchup
50 g	Zucker
50 ml	Essig
30 ml	Worcestershiresauce
1 TL	Paprikapulver
1 TL	Senf
½ TL	Tabasco

Alle Zutaten in einem Topf vermischen und 15 Minuten köcheln lassen. Das Fleisch darin marinieren und beim Grillen damit einpinseln.

WILDMARINADE

125 ml	Olivenöl
70 ml	Zitronensaft - frisch gepresst
1 EL	Liquid Smoke
½ TL	Salz
½ TL	Pfeffer
½ TL	Cayennepfeffer
3	Knoblauchzehen - zerquetscht
1 EL	Zitronenschale - gerieben
5 EL	Petersilie - fein gehackt
5 EL	Mix aus Oregano, Koriander, Basilikum - fein gehackt

Alle Zutaten gut verrühren. Bei Bedarf doppelte Menge nehmen. Das Wild darin über Nacht zugedeckt im Kühlschrank marinieren. Das Fleisch beim Grillen damit mehrfach einpinseln, damit es nicht zu trocken wird.

BBQ-SAUCEN UND MEHR

BIG MAMAS KETCHUP

Ketchup ist die Grundlage der meisten BBQ-Saucen. Fast jede Ranchersfrau hatte früher ein spezielles eigenes Rezept. Die Zubereitung des hausgemachten Ketchups ist zwar aufwändig, dafür enthält es jedoch keine künstlichen Aromastoffe oder Konservierungsmittel. Geschmacklich ist das hausgemachte Ketchup daher dem gekauften in der Regel weit überlegen. Aber notfalls können alle Saucen auch mit einem fertigen Ketchup zubereitet werden.

3 kg	reife Tomaten
1	große Zwiebel - gehackt
2	Knoblauchzehen - zerdrückt
250 ml	Apfelessig
200 g	Brauner Zucker
1 EL	grüne Pfefferkörner
1 TL	Salz
1 TL	Senfpulver
½ TL	Pimentpulver
½ TL	Cayennepfeffer
½ TL	Nelkenpulver

Alle Zutaten in einem großen Topf aufkochen und 35 Minuten unter häufigem Umrühren bei mittlerer Hitze köcheln lassen. Vom Herd nehmen und zur Entfaltung des Aromas 1 bis 2 Stunden ziehen lassen. Die Masse durch ein feines Sieb passieren und das Ketchup in einem sauberen Topf erneut aufkochen und unter gelegentlichem Umrühren 1 bis 2 Stunden köcheln lassen, bis es dickflüssig geworden ist. Das Ketchup in ausgekochte Gläser füllen. Es hält sich im Kühlschrank ungefähr einen Monat.

SALLYS LIMETTEN-KETCHUP

500 ml	Ketchup
½ TL	Cayennepfeffer
1,5	Limetten - ausgepresst

Alle Zutaten verrühren und bis zum Servieren kühl stellen.

CHILI-SAUCE LAREDO

24 getrocknete rote Chilis
2 EL Fett
2 Knoblauchzehen - klein gehackt
2 Zwiebeln - klein gehackt
2 EL Mehl
1 TL Salz
½ TL Oregano
250 ml Tomatensaft
etwas Tabasco zum Abschmecken

Samen und Stränge aus den Chilis entfernen. Knapp mit Wasser bedeckt eine halbe Stunde köcheln lassen. Anschließend durch ein Sieb gießen. Zwiebeln und Knoblauch im Fett dünsten. Das Mehl dazu geben und zu einer weichen Paste verarbeiten. Mit der Chilipaste vermischen. Den Tomatensaft und die Gewürze hinzufügen und unter gelegentlichem Umrühren 30 Minuten köcheln lassen. Mit Tabasco abschmecken.

TEXAS BBQ-SAUCE

250 ml Tomatensaft
125 ml Essig
60 ml Worcestershiresauce
250 g Brauner Zucker
2 EL Senfpulver
3 EL Butter
1 TL Tabasco - mehr oder weniger, je nach gewünschter Schärfe
2 Knoblauchzehen - zerquetscht
1 Zwiebel - fein gehackt
2 - 3 Jalapeños - ohne Samenkörer, fein gehackt
Salz und Pfeffer

Die Zwiebeln in der erhitzten Butter glasig werden lassen. Die restlichen Zutaten hinzufügen und köcheln lassen, bis die Sauce sämig wird. Mit Salz und Pfeffer abschmecken.
Diese Sauce kann sowohl zum Einpinseln des Fleisches benutzt werden, als auch als BBQ-Sauce zum Fleisch.

OLD HENRYS WHISKEY-BBQ-SAUCE

250 ml	Bourbon Whiskey
250 ml	Ketchup
250 ml	Apfelessig
250 g	Brauner Zucker
1	große Zwiebel – fein gehackt
2 EL	Worcestershiresauce
	Tabasco
	Liquid Smoke
	Salz und Pfeffer

Zwiebeln in heißem Öl glasig werden lassen. Den Zucker hinzufügen und unter ständigem Rühren leicht karamellisieren. Mit Apfelessig und Whiskey ablöschen. Das Ketchup einrühren und bei milder Hitze ca. 30 Minuten oder so lange einkochen, bis eine dickflüssige Masse entsteht. Dabei gelegentlich umrühren. Mit Salz, Pfeffer, Tabasco und Liquid Smoke abschmecken.

BIER-BBQ-SAUCE

125 ml	Ketchup
125 ml	Chili-Sauce
125 ml	Bier
½	große Zwiebel – grob gehackt
1	Knoblauchzehe – zerdrückt
1 EL	Apfelessig
½	Limette – ausgepresst
½ EL	Chilipulver
½ EL	Pfeffer

Alle Zutaten verrühren und 30 Minuten köcheln lassen. Dabei gelegentlich umrühren. Alles durch ein Sieb gießen. Die zurückbleibenden Zwiebeln und den Knoblauch pürieren, wieder in die Sauce zurückgeben und gut verrühren.

HANGING TREE RANCH BBQ-SAUCE

240 ml	Wasser
240 ml	Ketchup
60 g	Brauner Zucker
2	Zwiebeln - fein gehackt
60 g	Essig
60 g	Worcestershiresauce
1 EL	Selleriepulver
1 TL	Chilipulver
1 TL	Salz
1 - 3	Tropfen Tabasco

Alle Zutaten mischen und aufkochen. Dann 10 Minuten köcheln lassen oder bis die Sauce dicklich wird. Diese Sauce kann zum Einpinseln während des Grillvorgangs verwendet, aber auch als Sauce zum Fleisch serviert werden. Sie passt zu jeder Art von Fleisch und hält sich einige Tage im Kühlschrank.

PEDERNALE FALLS BBQ-SAUCE

100 ml	Ketchup
100 ml	Rotweinessig
50 g	Brauner Zucker
1	Zwiebel - fein gehackt
3 EL	flüssiger, heller Honig
½ TL	Liquid Smoke
½ TL	Salz
¼ TL	Pfeffer

Alle Zutaten gut miteinander vermischen und 30 Minuten lang köcheln lassen, bis die Sauce eindickt. Warm oder kalt zum Fleisch servieren.

DEVILS BBQ-SAUCE

250 ml	Ketchup
125 ml	Tomatenmark
125 ml	Apfelessig
4 EL	Melasse
1 EL	Worcestershiresauce
1 TL	extra scharfer Senf
1 TL	Tabasco

Alle Zutaten in eine Topf geben und ca. 10 Minuten köcheln lassen, bis die Sauce eindickt. Abkühlen lassen.
Die Sauce hält bis zu zwei Wochen im Kühlschrank. Passt gut zu Burgern und anderem gegrillten Fleisch.

MARYS SÜßE BBQ-SAUCE

1	große Zwiebel – fein gehackt
2	Knoblauchzehen – zerquetscht
120 g	Rosinen – fein gehackt
500 ml	Ketchup
1 TL	Senfpulver
160 g	Butter
½ TL	Basilikum
je ¼ TL	Estragon, Rosmarin, Thymian und Majoran
3 EL	Brauner Zucker
½	Zitrone gepresst
¼ TL	schwarzer Pfeffer
1 TL	Salz

Alle Zutaten vermischen. Bei niedriger Hitze 45 Minuten köcheln lassen und dabei oft umrühren. Die Sauce hält sich gut im Kühlschrank.

LIMETTEN-SAUCE

60 ml	frischer Limettensaft
120 g	Butter - geschmolzen
1	große Knoblauchzehe - zerquetscht
1 TL	Salz
½ TL	Pfeffer

Limettensaft, Knoblauch, Pfeffer und Salz vermischen und die geschmolzene Butter in kleinen Mengen einarbeiten.
Die Buttersauce kann bereits einen Tag früher vorbereitet werden. Zugedeckt in den Kühlschrank stellen. Sie kann warm oder kalt serviert werden und schmeckt sehr gut zu Fisch.

JALPEÑO-MAYONNAISE

500 ml	Mayonnaise
1	Limette - ausgepresst
1 EL	Zwiebel - klein gehackt
1 EL	Paprika - klein gehackt
1	Jalapeño - entkernt und klein gehackt
2 EL	Frühlingszwiebeln - klein gehackt
2 El	Koriander - fein gehackt
	Salz und Pfeffer nach Geschmack

Die Mayonnaise mit dem Limettensaft, Salz und Pfeffer gut verrühren. Die anderen Zutaten hinzufügen und bis zum Verbrauch zugedeckt kühl stellen.

LIMETTEN-BUTTER

100 g	Butter - Zimmertemperatur
5 TL	Limettensaft
½ TL	frischer Thymian - fein gehackt
	Salz und Pfeffer nach Geschmack

Alle Zutaten gut miteinander verrühren. Bis zur Verwendung zugedeckt in den Kühlschrank stellen.
Schmeckt sehr gut zu gegrilltem Fisch.

KORIANDER-BUTTER

100 g	Butter
8 EL	frischer Koriander – klein geschnitten
¼ TL	Kreuzkümmel – gemahlen
⅓ TL	Chilipulver
1 TL	Salz

Alle Zutaten mit einem Pürierstab solange verrühren, bis die Butter cremig und der Koriander fein zerhackt ist. Die Butter zu einer Rolle von 3,5 cm Durchmesser formen, in Alufolie einrollen und mindestens eine Stunde in den Kühlschrank legen. Zum Verbrauch in Scheiben schneiden.
1 bis 2 Butterscheiben sofort nach Ende des Grillvorgangs auf Steaks oder anderes Kurzgegrilltes legen.

TEXAS RANCH-DRESSING

250 ml	Buttermilch
250 ml	Mayonnaise
2	Knoblauchzehen – fein gehackt
2 TL	frische Petersilie – fein gehackt
½ TL	frischer Oregano – fein gehackt
2	Schalotten mit grünen Spitzen – fein gehackt
½ TL	Pfeffer
½ TL	Salz

Alle Zutaten verrühren und mindestens eine Stunde im Kühlschrank ziehen lassen. Die Sauce kann als Salatdressing, aber auch als Sauce zu gebackenen Kartoffeln oder Gegrilltem verwendet werden.

PECAN-DRESSING VON DER PECAN RANCH

6 EL	Pecanöl, ersatzweise Walnussöl
6 EL	weißer Balsamico Essig
2 TL	Cranberry Sirup, ersatzweise Ahornsirup
1 TL	scharfer Senf
50 g	Pecannüsse, ersatzweise Walnüsse – grob gehackt
	Salz und Pfeffer nach Geschmack

Das Öl mit Essig, Sirup und Senf glattrühren und mit Salz und Pfeffer abschmecken. Eine halbe Stunde ziehen lassen. Dann nochmals gut durchrühren und die Pecans hinzufügen, bevor die Sauce unter den Salat gehoben wird.

GUACAMOLE I

2	reife Avocados – geschält und püriert
1	kleine Zwiebel – fein gehackt
1	Knoblauchzehe – zerquetscht
1	mittelgroße Tomate – enthäutet, entkernt und fein gehackt
1 EL	frischer Koriander – fein gehackt
75 ml	saure Sahne
2 EL	Zitronensaft
1	Spritzer Tabasco

Alle Zutaten gut vermischen. Damit die Guacamole nicht anläuft, den Stein der Avocado in die Creme legen und mit Folie abdeckt in den Kühlschrank stellen.

W.T. WAGGONER
ESTATE
VERNON, TEXAS
Phone 552-2521

GUACAMOLE II

2	reife Avocados
1	kleine Zwiebel – fein gehackt
1	Knoblauchzehe – zerquetscht
1 EL	rote Chilischote – sehr fein gehackt, notfalls ½ TL Chilipulver
1	mittelgroße Tomate – fein gehackt
1 EL	Zitronensaft
1 TL	Worcestershiresauce
¼ TL	Salz

Alle Zutaten gut vermischen. Damit die Guacamole nicht anläuft, den Stein der Avocado in die Creme legen und mit Folie abdeckt in den Kühlschrank stellen.

AVOCADO SALSA

1	Avocado - geschält und klein gewürfelt
2	große Tomaten - gehäutet, entkernt und fein gewürfelt
1	rote Chili - fein gehackt
4	Frühlingszwiebeln - fein gehackt
2 EL	frischer Koriander - fein gehackt
1	Limette - ausgepresst
2 TL	Limettenschale - geraspelt
3 EL	Olivenöl

Alle Zutaten vermischen und die Salsa kalt stellen, damit sich das Aroma entwickeln kann.

TOMATEN-SALSA

1	mittelgroße Tomate - gehäutet, entkernt und fein gewürfelt
1	mittelgroße Zwiebel - fein gehackt
1	roter Chili - fein gehackt - Sorte nach Geschmack
1	grüner Chili - fein gehackt - Sorte nach Geschmack
1 EL	frischer Koriander - fein geschnitten
3 EL	Limettensaft
2 TL	Limettenschale - geraspelt

Alle Zutaten vermischen und bis zum Servieren zugedeckt in den Kühlschrank stellen. Die Salsa kann durchaus einen Tag vorher zubereitet werden, schmeckt aber am besten, wenn sie nur wenige Stunden zieht.

GETRÄNKE

EISTEE

1 l	Wasser
12 TL	schwarzer Tee
1 ½	Zitronen – ausgepresst
1 ½	Zitronen – in dünne Scheiben geschnitten
	Zucker
	viele Eiswürfel

Den Tee mit dem Wasser aufbrühen und drei Minuten ziehen lassen. Anschließend mit dem Zitronensaft vermischen. Nun wird der Eistee "geschockt", indem der heiße Tee über Eiswürfel gegossen wird. Der Tee wird sofort kalt und schmeckt sehr erfrischend. Man kann den Eistee für ein BBQ aber auch schon vorher zubereiten, im Kühlschrank kalt stellen und dann mit Eiswürfeln und einer Zitronenscheibe im Glas servieren.
Der Eistee wird je nach Geschmack gesüßt.

TEXAS TEA COOLER

1,5 l	schwarzer Tee
125 ml	Zitronensaft
125 ml	Orangensaft
1	Flasche (330 ml) Limetten- oder Zitronenlimonade mit Kohlensäure oder Ginger Ale
200 g	Zucker
	viele Eiswürfel

Den Zucker in den heißen Tee einrühren, bis er sich aufgelöst hat. Den heißen Tee, Zitronen- und Orangensaft miteinander vermischen und stehen lassen, bis das Getränk kalt ist. Dann die Limonade oder das Ginger Ale dazugießen. Die Eiswürfel in eine Punschschale, Bowle oder ein großes Saftgefäß füllen und den Tea Cooler darüber gießen.

LYNN CAMPBELLS ZITRONENLIMONADE

500 g	Zucker
750 ml	Wasser
500 ml	Zitronensaft
250 ml	Orangensaft
2 TL	geriebene Zitronenschale
2 TL	geriebene Orangenschale
100 g	Pfefferminzblätter - fein gehackt
	viele Eiswürfel
	gekühltes Wasser oder Mineralwasser

Zucker und Wasser zusammen aufkochen, bis sich der Zucker ganz aufgelöst hat. Dann noch 5 Minuten weiter kochen. Die Säfte, die geriebenen Schalen und die Pfefferminzblätter einrühren. Zugedeckt eine Stunde ziehen lassen und anschließend in den Kühlschrank stellen. Zum Servieren 80 ml des Getränks in ein hohes, mit 3 bis 4 Eiswürfeln gefülltes Glas gießen und mit Wasser auffüllen.
Für 12 Personen

HEIßER CRANBERRY PUNCH

500 ml	Cranberrysaft
625 ml	Ananasaft
250 ml	Wasser
2	Knoblauchzehen - geschält
2 TL	Piment
80 g	brauner Zucker
2	Zimtstangen

Die Flüssigkeit kurz mit den Gewürzen aufkochen und durch ein Sieb gießen. Den Punch sofort servieren oder in eine Warmhaltekanne füllen.

UND WAS DIE TEXANER SONST NOCH AUF IHREN BBQ-PARTIES TREIBEN

TEXAS TWO-STEP

Keine Ranchparty ohne Texas Two-Step, der zu fast allen Country Songs getanzt werden kann. Beim Two-Step werden 4 Schritte zu 6 Musiktakten getanzt. Zwei schnelle Schritte auf einen Takt und zwei langsame Schritte, die zwei Takte umfassen. Die räumliche Länge der Schritte ist gleich. Die Tänzer fangen mit schnell-schnell an.
Der Mann legt die rechte Hand auf das linke Schulterblatt der Partnerin. Diese hakt den Daumen der linken Hand in die Gürtelschlaufe des Partners oder hält die linke Hand auf dessen Taille, Hüfte oder Oberarm. Die linke Hand des Mannes ergreift die rechte Hand der Frau.

Schrittfolge Mann:		**Schrittfolge Frau:**
1. linker Fuß nach vorn	schnell	1. rechter Fuß nach hinten
2. rechter Fuß nach vorn	schnell	2. linker Fuß nach hinten
3. linker Fuß nach vorn	langsam	3. rechter Fuß nach hinten
4. rechter Fuß nach vorn	langsam	4. linker Fuß nach hinten

Hat man den Rhythmus verinnerlicht, kann man beliebige Figuren tanzen, d.h. sich beim Tanzen drehen, die Füße kreuzen, die Dame drehen oder was gefällt. Auf einer größeren Tanzfläche tanzen die Paare außen im Kreis auf der Kreislinie entlang sich ständig vorwärts bewegend. In der Mitte des Kreises tanzen gelegentlich Paare, die noch nicht so tanzerfahren sind.

RANCHSPIELE

Ranchspiele sind bei BBQ's sehr beliebt. Damit beschäftigen sich nicht nur anwesende Kinder, sondern auch Erwachsene.

Hufeisen werfen
3 bis 6 Hufeisen und 1 kräftige dünne Stange/Pfosten 50 cm oder länger

Die Spieler bekommen 3 bis 6 Hufeisen. Diese werden aus einer Entfernung von mindestens 2 Metern auf die Stange geworfen. Ziel ist, dass sich die offene Seite des Hufeisens um die Stange wickelt. Dafür erhält der Spieler je Treffer einen Punkt. Dieses Spiel kann als Einzel- oder Mannschaftsspiel durchgeführt werden.

Calf Roping
1 Strohballen
1 Plastikrinderkopf, der vorne auf einen Strohballen gesteckt wird
1 Rope für Erwachsene
1 Rope für Kinder

Der Rinderkopf wird vorne auf den Strohballen gesteckt und soll aus einer vorgegebenen Entfernung gefangen werden. Man legt die Anzahl der erlaubten Würfe fest. Gewonnen hat derjenige mit den meisten Treffern.

Nägel schlagen
1 dicker Balken, am besten eckig gesägt
1 Hammer
viele große Nägel

Gewonnen hat, wer die wenigstens Schläge benötigt, um einen Nagel in den Balken zu schlagen.

Indian Cooking – Ute Tietje

Indianische Küche des Südwestens und der Plains

104 Seiten – viele s/w-Fotos – ISBN 978-3-98091-411-6

Buffalo Verlag, Verden – 4. Auflage 2008 - 11,90 €

Trotz der leidvollen Vertreibungsgeschichte der einzelnen Indianerstämme bei der Eroberung ihres Lebensraumes durch europäische Siedler haben die überlebenden Stämme ihre Kultur nicht nur teilweise bewahrt, sondern pflegen sie heute wieder mit angemessener Würde und Stolz.
Zur Kultur der Indianer gehören die traditionellen Gerichte ihrer Vorfahren, auch wenn die Zutaten heute teilweise im Supermarkt gekauft und sie auf eine modernere, weniger zeitaufwändige Weise zubereitet werden. Die Ernährung der Indianer war wesentlich abwechslungsreicher, als man gemeinhin annehmen möchte. Selbst in der „Küche" der Jägerstämme finden sich erstaunlich viele vegetarische Gerichte auf der Speisekarte.
Die Zubereitung der Mahlzeiten nach den schlichten Erklärungen indianischer Hausfrauen ist einfach und phantasievoll; was nicht da ist, wird durch etwas anderes ersetzt. Ob es sich dabei nun um Nüsse, verschiedene Fischsorten oder um Wildfleisch, handelt, das gegen das Fleisch domestizierter Tiere ausgetauscht wird.
Die Autorin bereiste seit 1991 mehrmals im Jahr den Südwesten der USA und sammelte auf diesen Reisen den größten Teil der Rezepte bei Pow-Wows und anderen persönlichen Begegnungen. Sie beruhen weitgehend auf mündlichen Überlieferungen, die innerhalb der Stämme in den Familien weitergegeben wurden.
Ein Buch mit weit über 100 Rezepten, das Jäger und andere Fleischliebhaber sowie auch die Vegetarier gleichermaßen anspricht und die schnelle Küche nicht außen vorlässt.

Cowboy Cooking – Ute Tietje

Traditionelle Chuck Wagon- und Ranch-Küche

104 Seiten – viele s/w-Fotos - ISBN 978-3-98091-410-9

Buffalo Verlag, Verden, 3. Auflage 2007 - 11,90 €

Die jeweilige Tätigkeit eines Cowboys bestimmte in der Regel die Art seiner Mahlzeiten. Auf der Ranch war das Angebot durch frische Lebensmittel üppiger als auf einem monatelangen Trailritt. Als „Lonesome Rider" auf der Suche nach verirrten Rindern begrenzten sich die Lebensmittel des Cowboys auf das, was in die Satteltasche passte. Auf einem Round Up wiederum konnte er sich darauf verlassen, dass der Koch am Chuck Wagon für die hart arbeitenden Männer entsprechende Mahlzeiten zauberte. Die Gerichte sind einfach zuzubereiten, da das rustikale Leben im Westen nicht viel Raum und Zeit für raffinierte Spielereien beim Kochen ließ.
Die Autorin bereiste seit 1991 mehrmals im Jahr den Südwesten der USA und sammelte auf diesen Reisen den größten Teil der Rezepte. Sie beruhen weitgehend auf mündlichen Überlieferungen, die auf den Ranches in den Familien und von den Köchen an ihre Nachfolger weitergegeben wurden.
Die weit über 100 Rezepte können in einer herkömmlichen Küche, über offenem Feuer und teilweise im Dutch Oven zubereitet werden. Ideal auch für die schnelle Küche zu Zweit, aber auch für Ranchveranstaltungen, ausgedehnte Frühstückspartys, ein zünftiges Truthahnessen oder auch für Jäger und Angler.

Cowboy Cooking ist auch in niederländischer Sprache erschienen.

Kanadische Küche – Ute Tietje

Essen wie die Trapper, Indianer, Holzfäller und Farmer Ontarios

104 Seiten - viele s/w-Fotos - ISBN 978-3-98091-415-4

Buffalo Verlag, Verden 2008 - 11,90 €

Glitzerndes Wasser - Ontario - nannten die Irokesen das endlos weite, von vielen Seen durchzogene Land in der Mitte Kanadas. Eine Provinz so groß, dass im Norden der Eisbär zuhause ist und im Süden Wein und Erdnüsse angebaut werden. Traditionsbewusst und stolz auf die geschichtliche Vergangenheit ihres Heimatlandes zeigen sich seine Einwohner, die großen Wert auf eine gute, gesunde und naturnahe Küche legen.
Die Autorin, auch eine begeisterte Natur- und Tierfotografin, verbrachte einen großen Teil des Jahres 2007 in Ontario. Die von ihr gesammelten Rezepte beruhen weitgehend auf mündlichen Überlieferungen, nach denen in früherer Zeit bei Indianern, Trappern, Holzfällern, Händlern und Farmern die Mahlzeiten zubereitet wurden. Bereichert durch die Einflüsse weiterer Einwanderer und modernerer Kochgelegenheiten hat sich die Zubereitung der Gerichte ein wenig geändert und sie sind vor allem nicht mehr so kalorienreich wie zu Pionierzeiten.
Ob als Gastgeber bei privaten Dinner- oder BBQ-Partys mit Freunden und Verwandten, bei Kochwettbewerben oder auch als Restaurantbesitzer – man ist stolz auf die ererbten Kochrezepte. Gesellige Zusammenkünfte oder auch nur die Bewirtung eines zufällig hereinschneienden Gastes haben auch heute noch einen großen Stellenwert in diesem unendlich großen Land. Viele Gerichte können statt in einer herkömmlichen Küche auch auf oder in verschiedenartigen Grills, im Dutch Oven oder teilweise am Lagerfeuer zubereitet werden.

Nordamerika vegetarisch – Ute Tietje

Aus der Küche der Indianer und Pioniere

104 Seiten - viele s/w-Fotos - ISBN 978-3-98091-416-1

Buffalo Verlag, Verden 2008 - 11,90 €

Kulinarisch vielfältig und naturnah stellen sich die über 100 vegetarischen Gerichte der Indianer und Pioniere dar. Brot, Frühstück, Suppen, Hauptspeisen und süße Köstlichkeiten bis hin zum Kuchen geben einen guten Einblick in die traditionelle Küche Nordamerikas.
Die Ernährung der Indianer war wesentlich abwechslungsreicher, als man vermuten würde; selbst bei den nomadischen Jägerstämmen standen erstaunlich viele vegetarische Gerichte auf der Speisekarte. Die Einwanderer aus der Alten Welt mussten ihre Essgewohnheiten den harten Bedingungen des riesigen Kontinents anpassen, so dass öfter als ihnen lieb war, vegetarische Kost auf dem Plan stand. Eine wohlschmeckende Zubereitung war dann der einzige Luxus.
Die Autorin, auch eine begeisterte Natur- und Tierfotografin, bereist seit 1991 mehrmals im Jahr den Südwesten der USA und verbrachte einen großen Teil des Jahres 2007 in Kanada. Auf diesen Reisen sammelte sie ihre Rezepte bei Pow-Wows, Einladungen auf Ranches und anderen persönlichen Begegnungen mit den alten und neuen Einwohnern Nordamerikas.
Die Zubereitung der Mahlzeiten nach den schlichten Erklärungen von Hausfrauen und Köchen ist einfach und phantasievoll; was nicht da ist, wird notfalls durch etwas anderes ersetzt. Viele Gerichte können statt am heimischen Herd auch auf oder in einem Grill, im Dutch Oven oder zum Teil am Lagerfeuer zubereitet werden.

Rezensionen aller Bücher finden Sie hier: www.buffalo-verlag.de

Andalusische Küche – Ute Tietje

Iberische Köstlichkeiten mit maurischem Erbe

104 Seiten - viele s/w-Fotos –ISBN 978-3-98091-414-7

Buffalo Verlag, Verden 2006 - 11,90 €

Die mediterrane Küche des Südwestens der iberischen Halbinsel, beeinflusst von den Mauren, hat die andalusische Esskultur geprägt. Die Speisen in Andalusien sind – den warmen Temperaturen angemessen – zumeist leicht und gut bekömmlich. Zu den Grundelementen sind vor allem Oliven, Knoblauch, aromatische Würzkräuter (scharfer Würzpaprika, Kreuzkümmel, Safran, Koriander) und Sherry zu rechnen.
Der Einfluss des Orients ist in vielen Gerichten spürbar. Die Mauren kombinierten auf kreative Weise Fleisch und Fisch mit Früchten, Kräutern, Nüssen, aber auch scharfen Gewürzen. So gehören Beigaben von Mandeln, zerstoßenen Nüssen, Pistazien, Pinienkernen, Korinthen, Feigen, Melonen, Orangen und anderen Früchten, ja selbst Schokolade zu Fisch- und Fleischgerichten zu ihrem Erbe.
Dieses Buch enthält eine Sammlung von weit über 100 Rezepten, nach denen in andalusischen Küchen Mahlzeiten zubereitet werden und die viele Spanienreisende als Gäste des Landes kennengelernt haben. Köstliche Tapas, Salate, Suppen, Fleisch-, Fisch- und Wildgerichte bis hin zu Desserts und Gebäck rufen die Erinnerungen an den letzten Urlaub zurück.

Carmen in fünf Akten – Ute Tietje

Ein Internetdate mit überraschenden Folgen

208 Seiten – gebunden – ISBN 978-3-98091-413-0

Buffalo Verlag, Verden 2006 – 13,90 €

Die 55-jährige Anne, eine gebildete, selbständige Frau, lernt als „Carmen" in einer Internet-Kontaktbörse den attraktiven Spanier Juan kennen. Der gut situierte, geschiedene 62-jährige gibt sich als offen und weltgewandt aus und bezaubert Anne während ihrer ersten Treffen in Deutschland. Danach stehen drei Wochen in seiner Heimat Andalusien auf dem Programm, wo Juan ein luxuriöses Anwesen besitzt.
Anne genießt seine Aufmerksamkeit und das herrliche andalusische Ambiente. Doch nach und nach entwickelt sich der einfühlsame Traummann in einen von sich viel zu überzeugten Macho, der trotz seines Alters, das sich als wesentlich höher als ursprünglich angegeben erweist, nur eines im Kopf hat: Sex.
Dann trifft in der letzten Woche zur Wahrung des guten Rufs der Familie auch noch die überraschend vorhandene Ehefrau ein, die die Beziehung zwischen Juan und Anne ausdrücklich befürwortet, um ihren eigenen Liebespfaden nachgehen zu können.
Hin und her gerissen zwischen konventioneller Einstellung, Faszination, Verliebtheit und Neugier, wie sich diese Dreiecksgeschichte weiter entwickelt, bleibt Anne und versucht, die Situation mit Humor und Stil zu meistern.
Reichlich genervt wieder in Deutschland muss sie feststellen, dass ihr spanischer Gentleman die Beziehung per Mail beendet hat, vorgebend, seine Ehe retten zu müssen. Als Anne ihren Latin Lover kurze Zeit später unter anderem Decknamen erneut im Internet auf Partnersuche findet, sinnt sie auf Rache ....

Carmen meets Don Juan! Schwungvoll und erotisch, gewürzt mit einer gehörigen Portion schwarzem Humor, beschreibt Ute Tietje ein turbulentes Liebesabenteuer in den reifen Jahren.